列备五都

秦汉时期的中国都市

成都博物馆 编著

文物出版社

图书在版编目（CIP）数据

列备五都：秦汉时期的中国都市/成都博物馆编著
.－－北京：文物出版社，2022.8
ISBN 978-7-5010-7463-1

Ⅰ．①列… Ⅱ．①成… Ⅲ．①城市史－中国－秦汉时
代 Ⅳ．①K928.5

中国版本图书馆CIP数据核字(2022)第041289号

列备五都

秦汉时期的中国都市

编　　著：成都博物馆

责任编辑：窦旭耀
封面设计：王文娴
责任印制：王　芳

出版发行：文物出版社
社　　址：北京市东城区东直门内北小街2号楼
邮　　编：100007
网　　址：http://www.wenwu.com
经　　销：新华书店
印　　刷：北京荣宝艺品印刷有限公司
开　　本：889mm×1194mm　1/16
印　　张：20
版　　次：2022年8月第1版
印　　次：2022年8月第1次印刷
书　　号：ISBN 978-7-5010-7463-1
定　　价：480.00元

《列备五都——秦汉时期的中国都市》编委会名单

编委会顾问

陈彦夫　王　毅

编委会主任

李　川　何　丽

编委会副主任

李　蓓　张学文

编委会成员

段炳刚　李霄龙　王　林　任　舸　黄晓枫　李景意　闫　琰　段杨波

主　编

任　舸

副主编

黄晓枫　李景意

执行副主编

魏　敏

统　稿

魏　敏　张倩影　方若素

撰　稿

张倩影　蒋宛羚　方若素　敬林娜　彭长征

英文翻译

王圆彬　王　立　张潇尹

校　对

张倩影　蒋宛羚　方若素　张宝琳

供　图

河北博物院　山东博物馆　徐州博物馆（徐州市文物考古研究所）　西安博物院

茂陵博物馆　河南博物院　洛阳博物馆　焦作市博物馆　南阳市博物馆

淄博市博物馆　齐文化博物院　邯郸市博物馆　成都文物考古研究院　成都博物馆

"列备五都——秦汉时期的中国都市"策展工作组

总策划

任 舸

策展顾问

谢虎军　李映福　罗二虎

展览协调

李景意　闫 琰　段杨波

策 展

黄晓枫

艺术总监

范 犁

执行策展

魏 敏

内容策划

张倩影　蒋宛羚　方若素

展品组织

李雪　傅柠嘉　蒋宛羚　张倩影　原 媛　方若素　张潇尹

展陈设计

黄彦怡　刘 蕾　曹师齐　毛 宇

灯光/多媒体

段杨波　王云飞　卢秋霖　杨立尧　谢尚志　胡 琨

安 防

张 弩　李建勇

文 保

闵 晨　林雅伦　杨文强　马夕洋

宣 传

唐澜芯　王诗瑶　王旭川　王一蕾

布（撤）展

李 雪　傅柠嘉　蒋宛羚　张倩影　方若素　张潇尹　周 舟　原 媛

目 录

序：以展览致敬城市

2010年，成都市天府广场东御街口出土两通汉代石碑，分别为东汉太守裴君和李君的功德碑，现陈列于成都博物馆两汉厅，是成博镇馆之宝之一。碑身上共计两千余字沉稳疏阔的汉隶碑文，记载了汉代成都的地方官制、城市面貌、文化教育、社会生活等。其中裴君碑上"巍巍大汉""列备五都"八字，更是与《汉书·食货志》中的内容相印证，实证了汉代成都是与洛阳、邯郸、临淄、宛(南阳)齐名的，仅次于京师长安的全国性经济中心，有力凸显了汉代成都在全国举足轻重的地位。

以此为契机，成都博物馆联合汉代"五都"所在地十四家文博单位，共同策划推出了大型原创性展览"列备五都——秦汉时期的中国都市"展。展览以天府汉碑为引，从秦汉社会发展的大背景入手，聚焦"天下之中——洛阳""海内名都——临淄""埒富王城——邯郸""南都帝乡——宛""天府之国——成都"各具特色的城市发展模式，首次从中国古代城市发展的角度解读了汉代五都的发展面貌，全方位展示秦汉大一统历史背景下，蓬勃繁荣而又迥异多姿的城市风貌，彰显城市文明的壮丽诗篇。"五都"是两千多年前的中华大地上经济文化繁荣发展的精美缩影，是秦汉盛世孕育出的城市文明之花，而城市的发展又为国家兴盛奠定了扎实的根基，是辉映当前城市发展的最佳注解。

该展览也是成都博物馆塑造"辉煌成都"展览品牌的首个原创大展。我们希望通过对城市历史文化资源的深层次研究，聚焦中华文明的高光时刻，提炼兼具中国优秀传统文化和时代特色的主题，着力推出一批生动展现城市历史画卷的精品系列展览，以城市辉映盛世华章，坚定文化自信，致敬日益昌盛的祖国和源远流长的中华文明，使博物馆成为云集城市历史记忆和文化创造的精神殿堂。

本次展览在筹备过程中得到了四川省文物局、山东省文物局、河南省文物局、河北省文物局、陕西省文物局的指导和帮助，并得到了河北博物院、河南博物院、山东博物馆、淄博市博物馆、齐文化博物院、邯郸市博物馆、徐州博物馆、西安博物院、茂陵博物馆、洛阳博物馆、南阳市博物馆、焦作市博物馆、四川省文物考古研究院、成都文物考古研究院的大力支持，在此一并致以最真挚的谢意！最后，感谢为展览策划提出宝贵建议和意见的领导、专家，向所有为展览辛勤付出的文博工作者致敬！

成都博物馆馆长　任舸

前　言

秦汉时期是中国古代社会一个重要的转型时期，大一统政体下相对安定的社会环境，郡县制的逐步确立，社会经济的恢复发展，使中国古代城市建设进入高速发展的黄金时期，城市面貌焕然一新，城市文化蓬勃发展，城市生活丰富多彩。至西汉中期，在全国范围内形成了层次分明的、以行政区域划分范围的大一统的郡县城市体系，洛阳、邯郸、临淄、宛、成都更是发展成为仅次于京城长安的全国性经济中心，并称"五都"。"五都"的兴起既

图一　裴君碑碑阳拓片上的"巍巍大汉""列备五都"字样

有历史和政治的因素，更重要的是借助区位优势、合理利用资源、因地制宜，形成了具有各自特色的城市发展模式，成为两汉城市建设的典型代表。而城市建设与国家兴衰的关系，城市化进程对区域发展的影响，城市文化对社会发展的引领作用等，亦可以在秦汉时期中国城市的建设中找到最佳的注解。"巍巍大汉""列备五都"是描绘这个时期国家强盛、城市繁荣的铿锵之音。

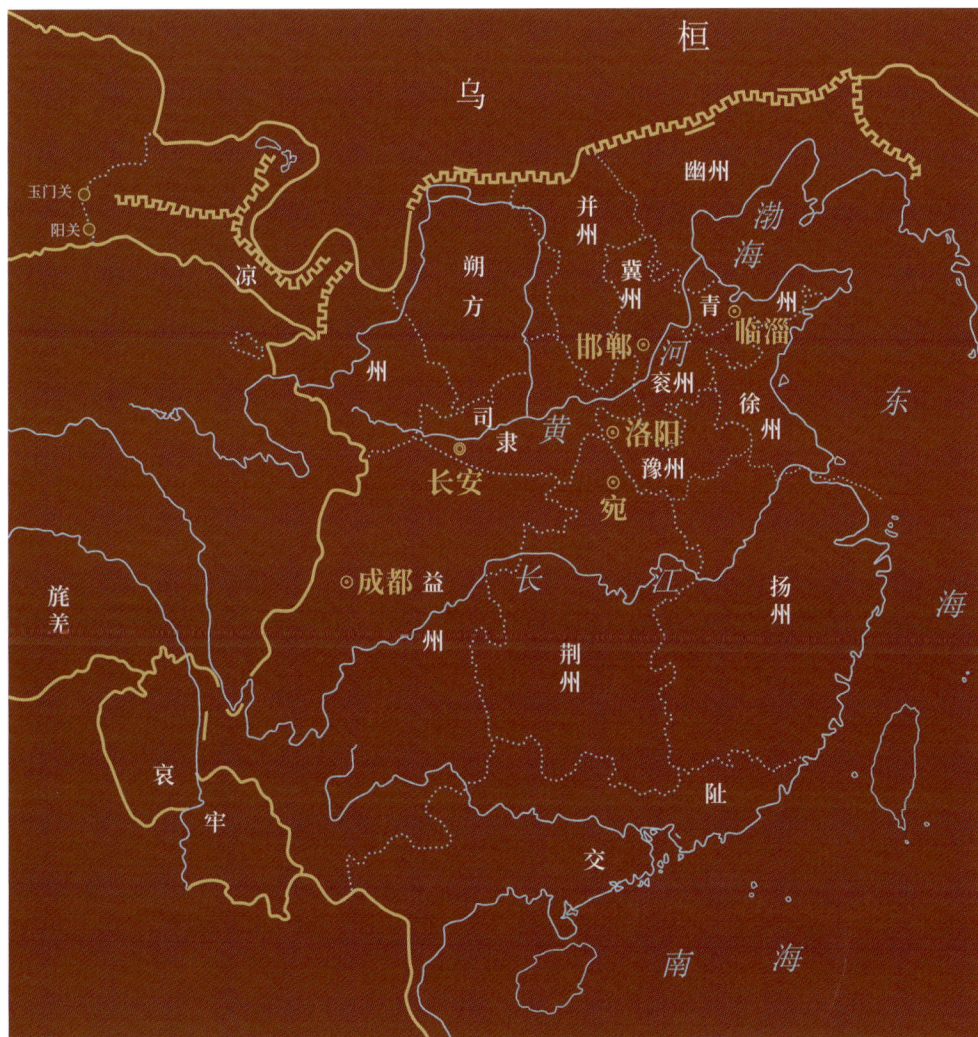

图二　汉代五都位置示意图

（据谭其骧主编：《中国历史地图集》第二册中《西汉时期全图》，中国地图出版社，1982年）

天下县邑城

公元前 221 年，秦并六国，建立起中国第一个中央集权国家，为秦汉时期的城市发展奠定了坚实的基础。汉承秦制，在制度统一的基础上，御边安邦，发展社会经济，并通过丝绸之路连接东西方，对外经济、文化交流空前繁盛，真正从文化、思想上建立起多民族的统一国家。在统一安定的社会背景下，汉朝的国土得到更大程度的开发，刘邦"天下县邑城"政策的推行开启了城市建设的高潮，城市建设地理分布之广，筑城数量之多，前所未有。

一 多元统一的东方帝国

中国之为一统国，自秦启之，而汉承之，虽遇乱世，终犹心焉于一统，人人皆拭目翘足以为庶几复见太平。二千年来如一日，此又秦汉之所赐也。

——瞿兑之《秦汉史纂》

秦王嬴政"奋六世之余烈，振长策而御宇内"，结束了春秋战国五百余年混战不休的社会大动荡，翻开了中国大一统的历史新篇。为巩固统治，秦始皇创建了唯我独尊的"皇帝制度"，并建立"三公九卿制"管理国家大事；在地方，秦始皇于建国之初就废除了自西周以来的分封制，实行郡、县、乡、亭四级行政管理的"郡县制"，"分天下以为三十六郡，郡置守、尉、监"[1]，奠定了中国两千余年封建政治制度的基本格局。后随着疆域扩大，发展到四十八郡[2]（表一）。同时，在全国范围内推行"书同文，车同轨，行同伦"等一系列巩固统一的政策，并修筑驰道和直道，将全国道路建成以咸阳为中心向四周辐射的交通网络系统，保证了政令通达全国。

公元前 202 年，西汉建立。汉王朝在诸多制度上承袭秦制并有所损益，在保障社会稳定、统一的同时，使社会经济迅速从秦末战争中恢复。刘邦建国之初便承袭秦制设立郡县、乡亭制度，保证国家对地方基层的控制，并先后分封了一批异姓、同姓诸侯王。这种王国与郡县并存的体制，被称为"郡国并行制"。文景时期实行"轻徭薄赋""与民休息"的政策，使社会生产得以恢复，"京师之钱累百巨万，贯朽而不可校。太仓之粟陈陈相因，充溢露积于外，腐败不可食"[3]。

[1] 〔西汉〕司马迁：《史记·秦始皇本纪》，中华书局，2013 年，第 303 页。

[2] 王国维：《观堂集林·秦郡考》，中华书局，1959 年，第 541 页。一说为四十六郡，参见谭其骧：《秦郡新考》，《浙江学报》1947 年第 2 卷第 1 期。

[3] 〔东汉〕班固：《汉书·食货志》，中华书局，2013 年，第 1135 页。

表一　秦四十八郡分布表[1]

地区	各郡名称
秦地	巴郡，蜀郡，陇西郡，北地郡
赵地	太原郡，云中郡，邯郸郡，巨鹿郡，雁门郡，代郡，常山郡
魏地	上郡，河东郡，东郡，砀郡，河内郡
韩地	三川郡，上党郡，颍川郡
楚越之地	汉中郡，四川郡，南郡，洞庭郡，南阳郡，淮阳郡，薛郡，九江郡，会稽郡，苍梧郡，衡山郡，庐江郡，故鄣郡
齐地	东海郡，齐郡，琅琊郡，胶东郡，济北郡
燕地	广阳郡，上谷郡，渔阳郡，右北平郡，辽西郡，辽东郡
南越故地	闽中郡，南海郡，桂林郡，象郡
匈奴故地	九原郡

　　至汉武帝时，西汉国力愈强，无论是在统治思想上，还是在国家管理方面，都朝着"大一统"的格局迈进。武帝首开"罢黜百家，独尊儒术"的政策，在确立儒家思想的正统地位的同时，为"大一统"的政治体制确立了主流意识形态上的支撑，即所谓"内圣外王"，刚柔相济。随着综合国力的增强，汉武帝向北抗击匈奴，将河西走廊纳入汉朝版图，设武威、酒泉、张掖、敦煌四郡。同时，经略西南，通"南夷道""西夷道"，在西南地区广置郡县，将中原先进的生产技术与经济文化传播至西南少数民族地区，在加快区域开发的同时，有效实现中央政府的管理。伴随着各地郡国的逐步增设，汉文化推广至更广阔的空间，由此建立起思想上和政治上高度统一的多民族国家（表二）。

表二　西汉时期部分新增郡国[2]

郡、国名	治所（今地名）	郡、国名	治所（今地名）
玄菟郡	辽宁新宾市	天水郡	甘肃通渭县
西河郡	内蒙古鄂尔多斯市	敦煌郡	甘肃敦煌市

[1]　秦始皇帝陵博物院编：《平天下——秦的统一》，西北大学出版社，2019年，第178页。
[2]　据东汉班固《汉书·地理志》、南朝宋范晔《后汉书·郡国志》整理择录。

郡、国名	治所（今地名）	郡、国名	治所（今地名）
五原郡	内蒙古包头市	武都郡	甘肃陇南市
定襄郡	内蒙古和林格尔县	武威郡	甘肃武威市
朔方郡	内蒙古磴口县	酒泉郡	甘肃酒泉市
东海郡	山东郯城县	张掖郡	甘肃张掖市
平原郡	山东平原县	楚国	江苏徐州市
泰山郡	山东泰安市	临淮郡	江苏泗洪县
千乘郡	山东高青县	江夏郡	湖北武汉市
东莱郡	山东莱州市	桂阳郡	湖南郴州市
淮阳国	河南淮阳县	武陵郡	湖南汉寿县 （一说在湖南溆浦县）
汝南郡	河南驻马店市	豫章郡	江西南昌市
陈留郡	河南开封市	越嶲郡	四川西昌市
弘农郡	河南灵宝市	犍为郡	四川宜宾市
广平国	河北鸡泽县	牂牁郡	贵州黄平县
真定国	河北正定县	益州郡	云南昆明市
常山郡	河北元氏县	零陵郡	广西全州县
清河郡	河北清河县	苍梧郡	广西梧州市
涿郡	河北涿州市	合浦郡	广西合浦县
魏郡	河北临漳县	交趾郡	越南河内市
勃海郡	河北沧州市	九真郡	越南清化省
安定郡	宁夏固原市	乐浪郡	朝鲜平壤市

二 县邑皆城：全国性的城市建设

六年冬十月，令天下县邑城。

——东汉·班固《汉书·高帝纪》

汉高祖六年（公元前 201 年），刘邦令"天下县邑城"。张晏曰："皇后公主所食曰邑。令各自筑其城也。"师古曰："县之与邑，皆令筑城。"[1] 这场历时长久的城池建造政令的推行，自刘邦始，在汉武帝时期随着国力的增强、疆域的拓展而进入高潮，其筑城地域之广、数量之多，前所未有。总体而言，这一时期的城市建设，体现出以下几个显著特点：

一是随着郡国并行制的推行，逐步建立起首都—郡—县三级城市体系，建立起大一统政体下的郡县城市体系。一县一城，凡城皆县，县城是县行政范围内的政治、经济、文化中心，成为中国古代最基本的城市单位（表三）[2]。由此彻底结束了商周以来以血缘政治为主体，王朝依靠宗法分封制间接控制各地的社会格局，确立了以地缘政治为主体、依靠一元化的郡县城市网络直接统治全国的社会结构，奠定了之后两千余年中国古代城市的基本格局。

表三 首都—郡—县三级城市规模 [3]

城市等级	城墙平均长度（米）	城内平均面积（平方公里）	人口（万）
一级——首都（长安）	西墙约 4766 米，南墙约 7453 米，东墙约 5917 米，北墙约 6878 米	约 34.39 平方公里	约 50 万
二级——郡治	3000—5000 米	3.5 平方公里	5 万
三级——县治	1000—3000 千米	0.7 平方公里	1 万

二是市场被规范地纳入城市规划和管理当中。一般各大城市根据商业规模设置若干市，中型城市有二至三个市，小型城市设一个市，由政府管理。为了方便政府管理，市的周围必须建筑围墙，并有固定的营业时间，市门每日按时启闭；市场中央的楼亭上置鼓，鸣鼓报时，亭的四面均辟有道路，将市场分为四个交易区；商肆的铺面是长廊式，一般按商品种类集中排列，井然有序，且必须标明价格，以便政府监察；商肆附近有商人居住的房屋，

---

[1] 〔东汉〕班固：《汉书·高帝纪》，中华书局，2013 年，第 59 页。

[2] 张南、周伊：《秦汉城市发展论》，《安徽史学》1989 年第 4 期。

[3] 据薛凤旋：《中国城市及其文明的演变》，世界图书出版公司，2010 年，第 33 页。

图一　内蒙古和林格尔（小板申村）东汉壁画中的边境县城——宁县

汉朝上谷郡宁县是为了抵御匈奴南犯而设立的县城，这座边境小城与内地的县城一样，有城墙和城门，街道、市场、衙署等也一应俱全。

商人须取得本市的居住权和营业证后，才能够列入市籍，合法经商（图一）。西汉的市税为利润的 10%，税收上缴中央、王国或郡县政府 [1]。

三是出现了区域性的经济中心。秦朝大规模修建的以咸阳为中心的全国陆路和水路交通网，被汉朝充分利用，成为商贸通道，大大促进了全国的商业发展。在交通沿线上形成了十个商业兴旺的大经济区域，而且各个经济区中都出现了数量不等的中心城市，大体分为以长安为中心的关中地区，以成都为中心的巴蜀地区，包括河东、河内、河南在内的三河地区，以江陵、吴、寿春、合肥为中心的楚地，以临淄为中心的齐鲁地区，以邯郸、燕为中心的燕赵地区，以陶、睢阳为中心的梁宋地区，以颍川、宛为中心的颍川南阳地区，以番禺为中心的南越地区以及以天水、陇西为中心的陇右地区 [2]。而这些区域内中心城市的发展又可以分为几种模式：一是依靠政治地位崛起，例如作为首都的长安和陪都的洛阳；二是从西周起就作为都城的城市，有着深厚的历史积淀，如临淄、邯郸等；三是有着特殊

[1]　刘炜：《中华文明传真》第 4 卷《秦汉——开拓帝国之路》，上海辞书出版社、香港商务印书馆，2001 年，第 121 页。

[2]　同上。

的区位优势，对汉王朝的统治有重要的战略地位，如作为西南重镇的成都和位于南越的番禺；四是依靠自然资源的优势，形成了发达的工商业，如宛城等[1]。这些经济区的形成也为后来全国性经济中心城市的形成奠定了基础。

三　匠人营国：汉长安城的营建

匠人营国，方九里，旁三门。国中九经九纬，经涂九轨，左祖右社，面朝后市，市朝一夫。……经涂九轨，环涂七轨，野涂五轨。……环涂以为诸侯经涂，野涂以为都经涂。

——《周礼·考工记》

在如火如荼的全国范围城市营建中，汉长安城的修建尤其具有划时代的意义。作为中国历史上第一个真正意义上大一统王朝的首都，汉长安城的营建"览秦制，跨周法"，开创了中国都城的新规制。在西汉的二百余年，长安是帝国的政治中心、经济中心和军事指中心，在丝绸之路开通后更成为与西方罗马并称的国际大都会，因此，也可以说长安是东方文化的中心、东西方文化交流的中心[2]。

文献记载，西汉长安城的营建自高祖始，至武帝时达到顶峰。汉高祖五年（公元前202年），刘邦定都长安，以秦兴乐宫为基础修复改建长乐宫。而后又修筑未央宫、武库、太仓和北宫。惠帝时，在长安周围加筑城墙，市场被整齐地规划在长安城墙之内。城墙的出现使长安城初具"匠人营国，方九里，旁三门。国中九经九纬，经涂九轨，左祖右社，面朝后市，市朝一夫"（《周礼·考工记·匠人营国》）的理想城市布局。武帝时，城内新建了桂宫和明光宫，城外修建了建章宫、明堂、开凿昆明池，拓展上林苑，汉长安城建设至此达到顶峰。

从历年的考古发掘可知，西汉长安城占地约36平方公里，全城地势西南高、东北低，以西南部为最高，由占三分之二面积的宫城、城中的武库和城南郊的礼制建筑群构成皇权、军事、礼制三大主题，并把宫殿、官署、居民点置于同一大城之内，开创了我国都市规划上综合大城的先例。其城市营建具有以下特点：

一是崇方。汉长安城继承了先秦时代宫城崇"方"的传统做法，东西城墙平直，北城墙曲折，北城墙与渭河河道走向平行，南城墙因迁就长乐宫和未央宫而形成南城墙中部外凸。总体而言平面近方形。曲折的南、北城墙形状，颇似夜空中的南斗星和北斗星，因此长安城又有"斗城"之称。汉长安城南郊礼制建筑中的"宗庙"遗址之"大院"和"小院"，

[1]　张南、周伊：《秦汉城市发展论》，《安徽史学》1989年第4期。

[2]　刘振东：《汉长安城综论：纪年长安城遗址考古六十年》，《考古》2017年第1期。

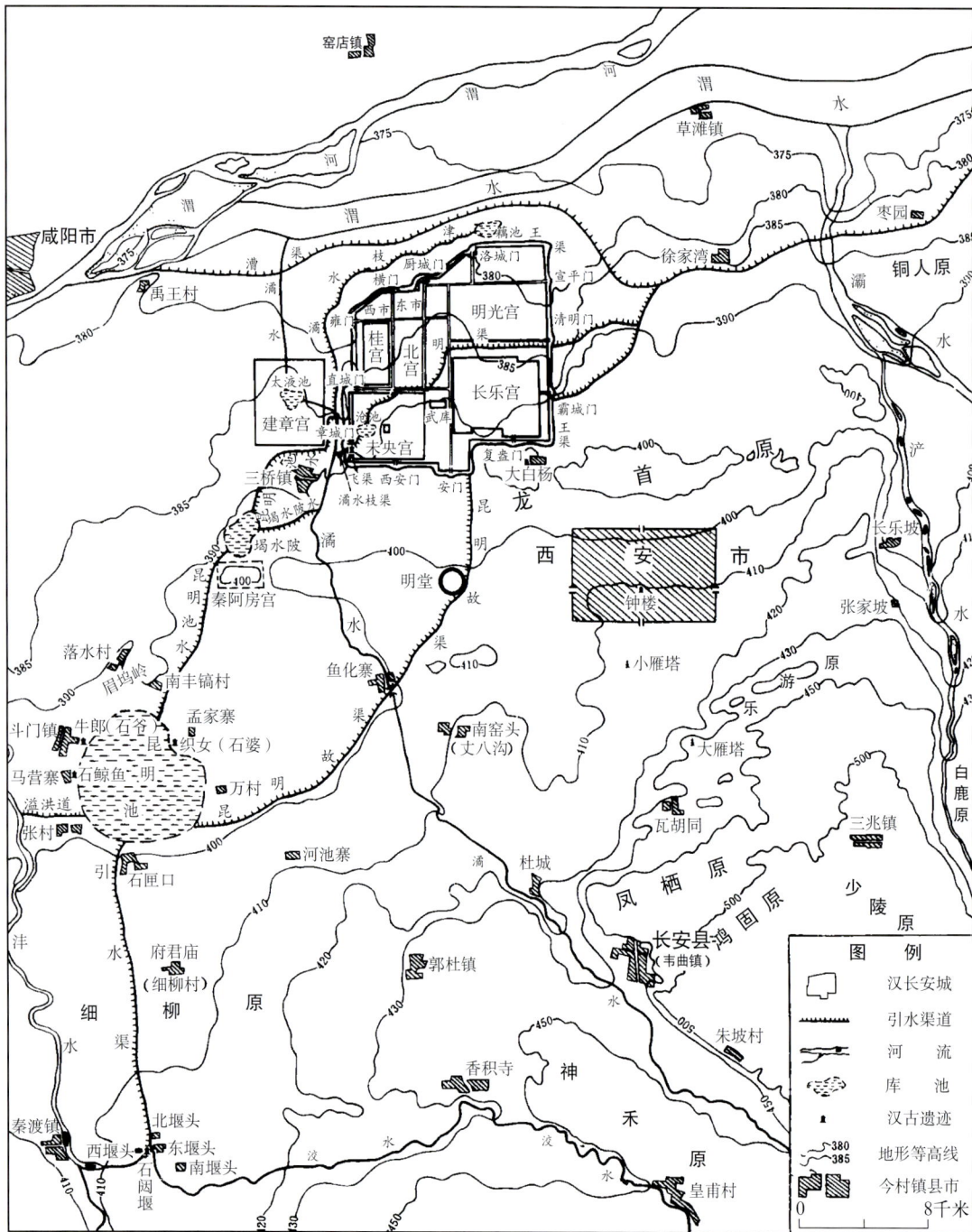

图二　汉长安城附近地势与城市引水工程示意图

（采自马正林：《汉长安城总体布局的地理特征》，《陕西师范大学学报》（哲学社会科学版）1994年第4期）

官稷遗址两重相套的大小院子平面均为方形。辟雍遗址中心建筑及其院子的平面皆为方形[1]（图二）。

　　二是"面朝后市"，中轴布局。汉长安城的布局遵循了《周礼·考工记》中"面朝后市"

---

[1]　刘庆柱：《汉长安城的考古发现及相关问题研究——纪念汉长安城考古工作四十年》，《考古》1996年第10期。

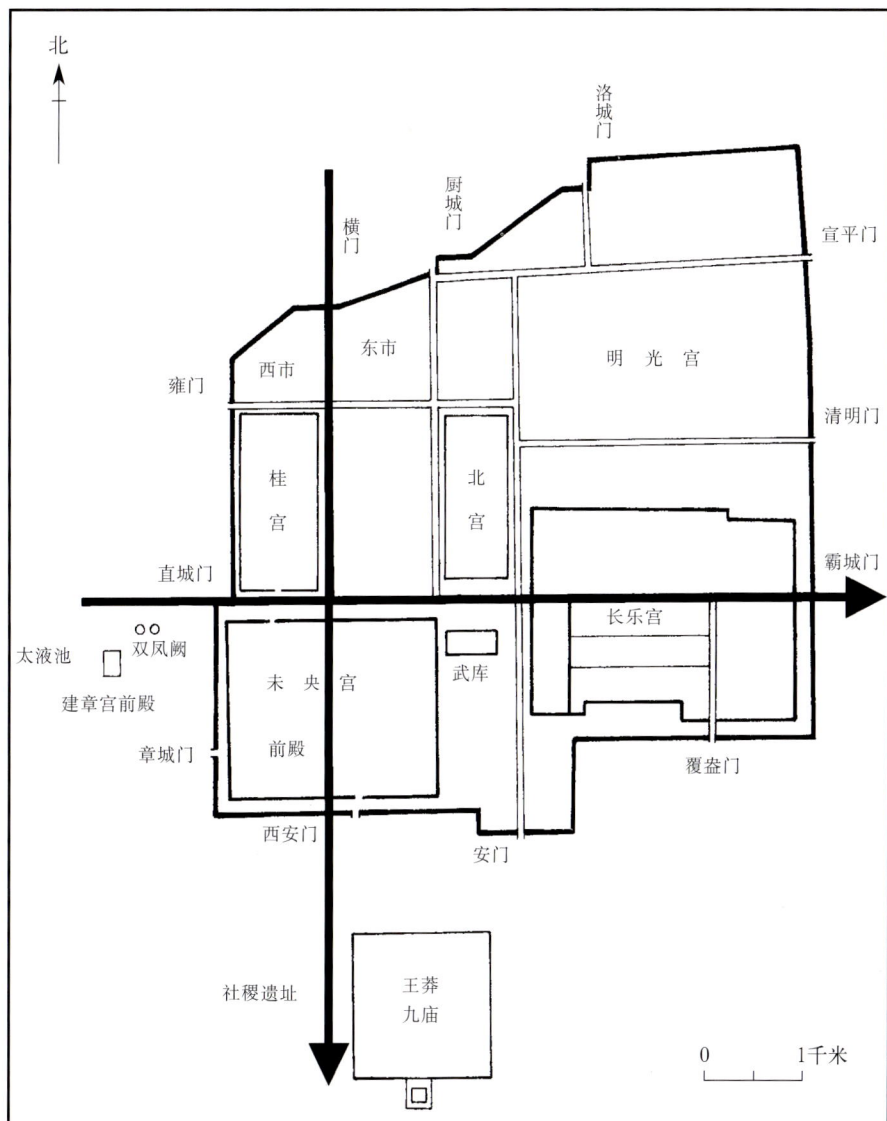

图三　汉长安城的中轴布局变迁

（采自刘瑞：《汉长安城的朝向、轴线与南郊礼制建筑》，中国社会科学出版社，2011 年）

的规制。作为施政之宫的"未央宫"处在地势高敞的西南部，而市场位于西北部。有学者认为，从考古揭示的汉末长安城总体布局看，已形成由横门至西安门的南北中轴线布局。由横门至西安门的南北大道为其中轴线，未央宫正处其上；中轴线贯穿未央宫，出北宫门连接横门大街，其东为"北阙甲第"和北宫，西为桂宫，再北的东市和西市分列横门大街的东西两侧；向南，由南宫门出西安门，宗庙在其左，社稷居其右。也有学者认为长安城在建设规划之初是以东向（朝东）为正方向，即西汉初期长安城主要的轴线为东西向的霸城门至直城门大街，西安门至未央宫前殿至横门大街的南北轴线则属于次轴线。到西汉晚期，祭祀系统与宗庙制度得到大规模的整理，西汉早期泛神化的芜杂祭祀最终被罢弃，并明确地将都城南北方向作为祭祀系统中的主方向。在王莽的主持下，于短时间内在南郊建

设了一套基本完整的新的宗庙祭祀系统，如辟雍、九庙和官社、官稷等，汉长安城自此从原来的东向转变为南向，西安门—未央宫前殿—横门大街—横门一线及其南向延长线作为城市轴线正式形成，原来的霸城门—直城门轴线变为从属轴线[1]（图三）。

三是汉长安城呈"八街九陌"的街巷格局。除未央宫、长乐宫附近的四个城门外，通向其他八个城门的街道均为三条平行的干道。中间干道最宽，达20米，被称为御道或驰道；两边道路各宽12米，由两条排水沟相区隔。街道笔直，或东西向，或南北向，它们在城内交错、会合，形成八个丁字路口和两个十字路口。这种棋盘式的街道格局，以及市内交通结合城市排水的规划布局，堪称中国古代城市的典范。

总之，长安城是随着西汉社会政治、经济和文化的发展变化分阶段逐步建造起来的，是在继承前代都城形制基本要素的基础上，适应汉代社会发展并加以创新而形成的颇具时代性的都城，对汉代地方城市建置也有着深刻的影响。诸侯王国"制同京师"，胶西国的高密城、济北王国的卢城、南越王国的番禺城等在形态上模仿长安城。从汉长安城营建中开始形成的"南北郊祀、南向，南郊礼制建筑，加之轴线、左右对称的观念逐渐成为都城建设的规划原则，支持并不断强化天子居住地的唯一性和绝对权威性"，成形于西汉时期的都城规划原则，不仅在东汉时被全盘接受并传承下来，而且持续影响着之后历朝历代的都城规划营建，成为传统文化的要素之一[2]。

[1] 刘瑞：《汉长安城的朝向、轴线与南郊礼制建筑》，中国社会科学出版社，2011年，第2—45页。

[2] 段清波：《汉长安城轴线变化与南向理念的确立——考古学上所见汉文化之一》，《中原文化研究》2017年第2期。

县邑皆城

汉初百废待兴,全国城邑残破不堪。汉高祖六年(公元前201年),刘邦令"天下县邑城",汉高祖七年"置新丰",标志着全国性的城市营建(改筑)正式开始实施。之后,随着"郡国并行"政治体制的建立和休养生息政策的推行,社会经济迅速恢复。汉武帝经略西南、抗击匈奴,加强了中央集权,为城市建设的持续推进创造了有利条件。

经济的繁荣及如火如荼的城市建设推动建筑业飞速发展，粮食储存需求更催生出仓楼这种兼具多种实用功能的建筑，并形成了下层为粮仓、上层为围廊式楼房的建筑形式。陶仓楼作为明器，是汉代民居的缩影，不同等级的陶楼除了标志着主人的社会地位不同外，还展示了汉代高超的建筑技艺。

彩绘陶五层仓楼

Painted Pottery Granary Building with Five Stories

汉代（公元前 202—公元 220 年）
长 81 厘米，宽 77 厘米，高 145 厘米
河南省焦作市白庄汉墓出土
焦作市博物馆

Han Dynasty (202B.C. － 220)
Length:81cm, Width:77cm, Height:145cm
Unearthed from the Baizhuang Han Tomb, Jiaozuo City,
Henan Province
Jiaozuo Museum

该陶仓楼可拆卸组装。楼前有一长方形院落，前墙中部开方形大门，置双门扉，可开阖，门扇及前墙两侧施有彩绘图案。大门两侧各置一朵斗拱，承托两面坡顶，前墙两角出阙。主楼一、二层为整体，上部开有四个方形窗口，内残存谷物。第三层开有一方形门洞和菱格窗，正面及四隅设斗拱。第四层开有两个长方形大窗口，窗口端坐一俑，正面及两角置一朵斗拱。第五层为一间望楼，上覆庑殿顶。楼身及斗拱用红、蓝、青等色颜料绘有流云纹、直线纹、三角纹等图案，色彩艳丽。焦作出土的此件陶楼是汉代建筑高峰的形象体现，直观形象地表现了古代建筑物的形制和技巧，是当时建筑物的真实写照。

彩绘陶四层刻划纹仓楼

Painted Pottery Granary Building with Four Stories

汉代（公元前 202—公元 220 年）
长 69 厘米，宽 64 厘米，高 124 厘米
河南省焦作市南水北调马村安置区出土
焦作市博物馆

Han Dynasty (202B.C. － 220)
Length:69cm, Width:64cm, Height:124cm
Unearthed from the Ma Village Resettlement Area of South-North Water Diversion Project, Jiaozuo City, Henan Province
Jiaozuo Museum

该陶仓楼由院落与楼体两部分组成。院落前墙开门洞，设大门两扇，门上有双阙。大门左侧墙壁绘捧侍图，院落外墙两侧绘有缚虎图。楼体一、二层为整体，为粮仓部分，上部开四个方窗，下部有小孔，两侧绘有舞蹈图案。三层于右开有一门，上有斗拱承托出檐。四层开方窗，上覆庑殿顶，庑殿顶上卧彩绘瑞鸟。楼体多刻划几何纹装饰。此外，附带卧狗、卧鸡、负粮俑各一。

彩绘灰陶双联仓

Painted Grey Pottery Double Silo

汉代（公元前 202—公元 220 年）
长 68 厘米，宽 36.5 厘米，高 54 厘米
河南省焦作市焦作轮胎厂出土
河南博物院

Han Dynasty (202B.C. — 220)
Length:68cm, Width:36.5cm, Height:54cm
Unearthed from the Jiaozuo Tyre Factory, Jiaozuo City, Henan Province
Henan Museum

陶仓为灰陶胎，模制，绘有红、黄色彩，由两个仓、房屋和房顶
三部分组合而成。仓直口，正面有长方形小方孔，两个小圆孔，
底部有三个熊足。房屋为长方形，正面开一门两窗，上为悬山顶。

庭院画像砖

Pictorial Brick of the Courtyard Scene

汉代（公元前 202—公元 220 年）

长 119 厘米，宽 49 厘米，厚 15 厘米

河南省郑州市陇海路出土

河南博物院

Han Dynasty (202B.C. — 220)

Length:119cm, Width:49cm, Thickness:15cm

Unearthed from the Longhai Road, Zhengzhou City,
Henan Province

Henan Museum

砖上图案为模制的完整庭院，前有道路通向大门，双阙耸立，内院有高大建筑，屋顶为四阿式。院墙曲折有致，瓦垄清晰。院内外树木丛生，瑞禽栖息。图案较为全面地反映了当时人们的生产、生活方式。

文字瓦当在汉代大量出现，字体多为篆书，文字一般为四字左右，内容多种多样，数量最多的是"千秋万岁""延年益寿""长生无极""大乐富贵""君宜高官"等有关长寿和富贵的吉祥语文字。这类文字不仅出现在瓦当之上，也常出现在陶器、铜器、铜镜等器物的铭文中，表达了汉代人们对于吉祥、富贵的美好祈愿。

陶"千秋万岁"瓦当

Pottery Eaves Tile with Pattern of "千秋万岁"

西汉（公元前 202—公元 8 年）
直径 14.5 厘米
征集
河南博物院
Western Han Dynasty (202B.C. − 8)
Diameter:14.5cm
Collected
Henan Museum

灰陶，磨制，圆当有廓，当心有大乳钉外绕两扎
阳线圈，外有四条双阳线界区，每区一小篆字，
对弧式排列，"千秋万岁"四字外有阳线圈边栏。

陶"汉并天下"瓦当

Pottery Eaves Tile with Pattern of "汉并天下"

西汉（公元前202—公元8年）
直径16.7厘米
征集
河南博物院
Western Han Dynasty (202B.C. — 8)
Diameter:16.7cm
Collected
Henan Museum

灰陶，圆式，有廓。当心为凸心圆，当面为双凸线，
四界区，每区一字小篆体"汉并天下"四字。

陶"长生无极"瓦当

Pottery Eaves Tile with Pattern of "长生无极"

西汉（公元前202—公元8年）
直径17.5厘米，厚2厘米
征集
徐州博物馆
Western Han Dynasty (202B.C. — 8)
Diameter:17.5cm, Thickness:2cm
Collected
Xuzhou Museum

圆瓦，中有圆心，四方起双阳线将当面四等分，每
格填有一字，自右向左直读"长生无极"。瓦当边
沿平整宽厚，边际起有弦文。整体风格自然、质朴。

陶"长乐未央"瓦当

Pottery Eaves Tile with Pattern of "长乐未央"

西汉（公元前 202—公元 8 年）

直径 15.5 厘米

征集

河南博物院

Western Han Dynasty (202B.C. － 8)

Diameter:15.5cm

Collected

Henan Museum

灰陶，模制，外有环状凸起于外廓，瓦面
磨印有玉环状网形环带，中心有大、小乳
钉装饰，其外有阳线圈，双阳线四界区，
内书"长乐未央"四字。

列备五都——秦汉时期的中国都市

陶 "延年益寿" 瓦当

Pottery Eaves Tile with Pattern of "延年益寿"

西汉（公元前 202—公元 8 年）
直径 15 厘米，厚 2 厘米
陕西省西安市未央区双凤村征集
西安博物院
Western Han Dynasty (202B.C. — 8)
Diameter:15cm, Thickness:2cm
Collected from Shuangfeng Village, Weiyang District, Xi'an City,
Shaanxi Province
Xi'an Museum

圆瓦，中有圆心，四方起双阳线将当面四等分，每格
填有一字，为自右向左直读书写"延年益寿"。瓦当
边沿平整宽厚，边际起有弦文。整体风格自然、质朴。

江苏徐州狮子山楚王墓出土印章近 200 方，印文所载官职涉及楚国宫廷职官、军队职官和王国属县职官，对研究西汉诸侯方国的制度、军队建制等有重要意义。

"楚司马印" 青铜印

Bronze Seal with Characters of "楚司马印"

西汉（公元前 202—公元 8 年）
长 2.2 厘米，宽 2.1 厘米，通高 1.7 厘米
江苏省徐州市狮子山楚王陵出土
徐州博物馆
Western Han Dynasty (202B.C. — 8)
Length:2.2cm, Width:2.1cm, Total Height:1.7cm
Unearthed from the Tomb of the King of Chu at Shizishan, Xuzhou City, Jiangsu Province
Xuzhou Museum

印为铸造，桥形钮，印台近方形，印文为篆书"楚司马印"。"楚司马"为楚国军队职官，应当是都尉属下，主管军政。《汉书·吴王濞传》记载，吴初起兵，在尚未渡过淮水之际，吴王的"诸宾客皆得为将、校尉、行间候、司马"。由此可知，诸侯王国中的"司马"是军中地位较低的直接统兵之官。

"楚候之印" 青铜印

Bronze Seal with Characters of "楚候之印"

西汉（公元前202—公元8年）
长2.2厘米，宽2.1厘米，通高1.7厘米
江苏省徐州市狮子山楚王陵出土
徐州博物馆
Western Han Dynasty (202B.C. − 8)
Length:2.2cm, Width:2.1cm, Total Height:1.7cm
Unearthed from the Tomb of the King of Chu at
Shizishan, Xuzhou City, Jiangsu Province
Xuzhou Museum

印为铸造，桥形钮，印台近方形，印文为篆书
"楚候之印"。《秩律》载："中候、郡候、
骑千人、卫将军候、卫尉候，秩各六百石。"
据此可知，"楚候"秩六百石，应与"楚司马"
一样，是楚国军队中地位较低的直接统兵之
官。狮子山楚王墓出土"楚候之印"近百方，
表明楚国当时军事力量雄厚。

"楚骑千人" 青铜印

Bronze Seal with Characters of "楚骑千人"

西汉（公元前202—公元8年）
长2.1厘米，通高1.7厘米
江苏省徐州市狮子山楚王陵出土
徐州博物馆
Western Han Dynasty (202B.C. − 8)
Length:2.1cm, Total Height:1.7cm
Unearthed from the Tomb of the King of Chu at
Shizishan, Xuzhou City, Jiangsu Province
Xuzhou Museum

印为铸造，桥形钮，印台方形，印文为篆书"楚
骑千人"。"楚骑千人"是楚国军队中地位
较低的直接统兵之官，秩六百石。

"楚太史印"青铜印

Bronze Seal with Characters of "楚太史印"

西汉（公元前 202—公元 8 年）
长 2.2 厘米，宽 2.1 厘米
江苏省徐州市狮子山楚王陵出土
徐州博物馆
Western Han Dynasty (202B.C. － 8)
Length:2.2cm, Width:2.1cm
Unearthed from the Tomb of the King of Chu at
Shizishan, Xuzhou City, Jiangsu Province
Xuzhou Museum

印为铸造，印钮残断，印文为篆书"楚太史
印"。"楚太史"是楚国宫廷职官，奉常下属，
掌管王国典礼，起草重要文告、文件，管理
制禄、礼制等。

"楚御府印"青铜印

Bronze Seal with Characters of "楚御府印"

西汉（公元前 202—公元 8 年）
长 2.2 厘米，宽 2.2 厘米，通高 1.2 厘米
江苏省徐州市北洞山楚王墓出土
徐州博物馆
Western Han Dynasty (202B.C. － 8)
Length:2.2cm, Width:2.2cm, Total Height:1.2cm
Unearthed from the Tomb of the King of Chu at
Beidongshan, Xuzhou City, Jiangsu Province
Xuzhou Museum

印为铸造，桥形钮，印台方形，印文为篆书"楚
御府印"。《汉书·百官公卿表》载："少府，
秦官，掌山海池泽之税，以给供养，有六丞。
属官有尚书、符节、太医、太官、汤官、导官、
乐府……又中书谒者、黄门、口盾、尚方、御府、
永巷、内者、宦者（八）官令丞。"据此可知，"御
府"为少府属官，"楚御府"为楚国宫廷职官，
掌管钱帛和各种服具的出纳。

"楚永巷印"青铜印

Bronze Seal with Characters of "楚永巷印"

西汉（公元前 202—公元 8 年）
长 2.2 厘米，宽 2.2 厘米
江苏省徐州市狮子山楚王陵出土
徐州博物馆
Western Han Dynasty (202B.C. － 8)
Length:2.2cm, Width:2.2cm
Unearthed from the Tomb of the King of Chu at Shizishan,
Xuzhou City, Jiangsu Province
Xuzhou Museum

印为铸造，钮残，印台方形，印文为篆书"楚永巷印"。永巷为皇帝和后宫嫔妃居住之处，《汉书·百官公卿表》记载"永巷"有二，一为少府属官，服务皇帝；另一为詹事属官，服务后宫。"楚永巷"为楚国宫廷职官，应是服务楚王和后宫的官吏。

"楚都尉印"龟钮银印

Silver Seal with Characters of "楚都尉印"

汉代（公元前 202—公元 220 年）
长 2.3 厘米，高 1.7 厘米
徐州狮子山楚王陵出土
徐州博物馆
Han Dynasty (202B.C. － 220)
Length:2.3 cm, Height:1.7cm
Unearthed from the Tomb of the King of Chu at Shizishan,
Xuzhou City, Jiangsu Province
Xuzhou Museum

龟钮，方形印台。《汉书·百官公解诂》载："都尉将兵，副佐太守。言与太守俱受银印部符之任，为一郡副将，然俱主其武职，不预民事。"据此可知，"都尉"是辅助太守主管军事的武将官职。

　　狮子山楚王墓出土封泥 80 余枚，共分为三类：楚国宫廷职官"内史之印""楚太仓印""库□□□"；楚国军队职官"楚中尉印"；楚国属县职官"兰陵丞印""下邳丞印""彭城丞印""符离丞印""相令之印""吕丞之印""萧邑之印""萧丞之印"等。这些封泥多与随葬品同出，应是缄封随葬品的信物。

"楚中尉印"封泥

Pottery Sealing Clay with Characters of "楚中尉印"

西汉（公元前 202—公元 8 年）
长 3.3 厘米，宽 3.2 厘米，厚 1.2 厘米
江苏省徐州市狮子山楚王陵出土
徐州博物馆
Western Han Dynasty (202B.C. － 8)
Length:3.3cm, Width:3.2cm, Thickness:1.2cm
Unearthed from the Tomb of the King of Chu at Shizishan,
Xuzhou City, Jiangsu Province
Xuzhou Museum

《汉书·百官公卿表》载："中尉，秦官，掌徼循京师，有两丞、候、司马、千人。武帝太初元年更名执金吾。"据此可知，"楚中尉"应是楚国军队中管理武备的最高官员。

"楚太仓印"封泥

Pottery Sealing Clay with Characters of "楚太仓印"

西汉（公元前 202—公元 8 年）
长 3 厘米，宽 2.1 厘米，高 0.8 厘米
江苏省徐州市狮子山楚王陵出土
徐州博物馆
Western Han Dynasty (202B.C. － 8)
Length:3cm, Width:2.1cm, Height:0.8cm
Unearthed from the Tomb of the King of Chu at Shizishan, Xuzhou
City, Jiangsu Province
Xuzhou Museum

"楚太仓印"封泥与"楚内史印"封泥同出。《汉书·百官公卿表》载："治粟内史，秦官，掌谷货，有两丞。景帝后元年更名大农令，武帝太初元年更名大司农。属官有太仓、均输、平准、都内、籍田五令丞，斡官、铁市两长丞。又郡国诸仓农监、都水六十五官长丞皆属焉。"据此可知，太仓是负责粮食管理的职官。"楚太仓印"封泥的出土表明诸侯国也设立有"太仓"一职，"楚太仓印"应是楚国负责粮食管理的最高官员所用官印。

玉面罩是西汉时期高级贵族的丧葬用品，在楚王国贵族使用玉面罩随葬的现象尤为盛行，其起源可以追溯至西周早期，玉面罩（玉覆面）是专门为殓葬所制的玉器，玉覆面作为中国古代葬玉系列用具中一种重要的器物，用其殓葬不仅表达了用玉石保护死者使其面部不腐的希冀，同时也彰显墓主人的身份等级。西汉初期，在玉面罩的基础上出现了玉衣套，后发展成完整的玉衣。

玉面罩

Jade Face Mask

西汉（公元前202—公元8年）
长22.5厘米，宽24.5厘米，厚0.2厘米
江苏省徐州市后楼山出土
徐州博物馆
Western Han Dynasty (202B.C. — 8)
Length:22.5cm, Width:24.5cm, Thickness:0.2cm
Unearthed from the Houloushan, Xuzhou City, Jiangsu Province
Xuzhou Museum

　　该玉面罩由30片玉片组成，形状以长方形和圭形为主，玉片厚薄均匀，表面抛光，边角钻孔。多数玉片为较透明的青灰色，玉质较好，少数玉片因石灰岩浸蚀，呈灰白色，并间有褐色杂斑。其中9片玉片背带面有纹饰，应当是由带纹饰的璧、璜等的残器改制而成。面罩上部略呈弧形，下颚处随形收折，并根据人面设计成五行横排玉片，用以代表面部的额、眼、鼻口、下颚。不同于以往发现的缝缀于织物上的玉面罩，该玉面罩的玉片直接由丝线连缀而成，与玉衣的缀合方式相似。

"刘泾"玉面罩

Jade Face Mask of "*Liujing*"

西汉（公元前 202—公元 8 年）
宽 24.5 厘米，高 22.5 厘米
江苏省徐州市后楼山刘泾墓出土
徐州博物馆
Western Han Dynasty (202B.C. － 8)
Width:24.5cm, Height:22.5cm
Unearthed from the "*Liujing*" Tomb at Houloushan, Xuzhou
City, Jiangsu Province
Xuzhou Museum

该玉面罩由象征眉、眼、鼻、嘴及其他形状的 53 片
玉片组成人的面部形状，每件玉片上钻有数量不等
的小孔，以便缝缀在织物上，覆盖在死者面部。

"刘和"银缕玉衣

Silver Threaded Jade Suit of King *"Liuhe"*

西汉（公元前 202—公元 8 年）
长 181 厘米，肩宽 48 厘米
江苏省徐州市火山刘和墓出土
徐州博物馆
Western Han Dynasty (202B.C. — 8)
Length:181cm, Shoulder Width:48cm
Unearthed from the *"Liuhe"* Tomb at Huoshan,
Xuzhou City, Jiangsu Province
Xuzhou Museum

"刘和"银缕玉衣是目前出土的唯一完整的西汉时期银缕玉衣。玉衣由 2116 块大小不一、形状不同的和田青玉片以及 1000 多克银丝穿缀而成，先利用银线把玉片编缀成头罩、前胸、后背、袖筒、裤管等部分，再拼接成整体。玉衣用料考究，琢磨细腻，设计精妙，编缀精密，奢华之至，展现了汉代高超的玉器制作工艺。

玉衣是两汉皇帝、诸侯王和高级贵族死后穿用的殓服。其使用制度在西汉前期初步形成，根据身份地位的不同，"缕"的材质有金、银、铜、丝等差异，但并不严格。诸侯王，尤其是刘姓王可以使用金缕。东汉时期，玉衣使用进一步制度化，皇帝可以使用金缕玉衣，诸侯王和列侯使用银缕玉衣，大贵人、长公主等使用铜缕。此外，玉衣片玉质的差异也是区分身份等级的重要标志。这件"刘和"银缕玉衣的出土证明了至少在西汉文景时期，玉衣已发展成熟，结合墓葬内出土的其他器物来看，"刘和"墓的规格应为列侯、嗣侯一级。

陶绕襟衣舞俑

Pottery Dancing Figurine

西汉（公元前202—公元8年）
高45厘米，宽42厘米
江苏省徐州市驮篮山楚王墓出土
徐州博物馆
Western Han Dynasty (202B.C. — 8)
Height:45cm, Width:42cm
Unearthed from the Tomb of the King of Chu at
Tuolanshan, Xuzhou City, Jiangsu Province
Xuzhou Museum

舞俑身着绕襟深衣，顶发中分，于脑后挽成发髻，眉目清秀，身姿娇柔，身体随着舞步的变化呈现出"S"形。北洞山楚王墓出土有类似舞俑20件，舞俑的手臂呈曲尺形，为单独烧制。这类舞俑的身体弯曲度和侧转度各不相同，舞姿亦有变化。从舞俑造型看，跳的应是当时盛行的长袖折腰楚舞。这种类型的绕襟衣陶舞俑在其他地区未见出土，是了解西汉早期舞蹈的重要实物资料，弥足珍贵。

陶骞袍女舞俑

Pottery Dancing Figurine

西汉（公元前 202—公元 8 年）
高 48 厘米
江苏省徐州市驮篮山楚王墓出土
徐州博物馆
Western Han Dynasty (202B.C. — 8)
Height:48cm
Unearthed from the Tomb of the King of Chu at
Tuolanshan, Xuzhou City, Jiangsu Province
Xuzhou Museum

俑为头身分制，颈下端有圆锥形插榫，可插入空洞的体腔内。舞俑顶发中分，脑后垂髻，身着右衽曳地长袍，上体前倾，左臂自然垂于体侧，右臂高高上举，长长的衣袖如瀑布似地垂落，双腿微微前曲，好似一个舞蹈结束后的施礼动作。舞姿轻盈，潇洒飘逸，腰肢自然摆动，右腿略前，左腿稍后，使身体保持重心平衡，展现出汉代工匠高超的审美情趣和炉火纯青的雕塑技艺。舞俑原施有彩绘，出土时彩绘鲜明，现已大部剥落。舞俑的形象与北洞山楚王墓出土的曲裾衣舞俑几乎相同，表现的应是当时楚王宫舞者的形象。

彩绘陶背箭箙俑

Painted Pottery Figurine with Arrows

西汉（公元前 202—公元 8 年）
高 50 厘米，宽 14 厘米
江苏省徐州市北洞山楚王墓出土
徐州博物馆
Western Han Dynasty (202B.C. — 8)
Height:50cm, Width:14cm
Unearthed from the Tomb of the King of Chu at
Beidongshan, Xuzhou City, Jiangsu Province
Xuzhou Museum

北洞山楚王墓共出土此类背箭箙陶俑 64
件，均身佩长剑，肩负箭箙。箭箙通过腋
下和左肩的三根带子固定，系结于胸前，
形成三角形背带，便于背负和奔跑。此类
俑虽为弓箭手形象，但有些右胯绶带系墨
书"郎中"或"中郎"印，其身份应是楚
王近侍。此外，北洞山楚王墓出土的彩绘
仪卫陶俑皆佩有长剑，反映出当时佩剑之
风的盛行，印证了《晋书·舆服志》中汉
制"自天子至于百官，无不佩剑"的记载。

彩绘陶执兵俑

Painted Pottery Figurine with Weapons

西汉（公元前 202—公元 8 年）
高 50 厘米，宽 14 厘米
江苏省徐州市北洞山楚王墓出土
徐州博物馆

Western Han Dynasty (202B.C. — 8)
Height:50cm, Width:14cm
Unearthed from the Tomb of the King of Chu at
Beidongshan, Xuzhou City, Jiangsu Province
Xuzhou Museum

陶俑为戴帽执兵陶俑，帽带系结于颌下，
面部眉目细长，留有八字胡须。身穿二
重右衽曲裾深衣，胸前佩长剑，腰间束
带并悬挂组带和绶带。双手半握拳置于
右肋，左拳在上，右拳居下，所执兵器
为木质长戟，仅剩朽痕。下身穿肥裤，
足蹬双尖翘首履。其身份应是楚王侍从。

陶熨斗

Pottery Flatiron

汉代（公元前 202—公元 220 年）
高 30 厘米，宽 24 厘米，底径 13 厘米
征集
徐州博物馆
Han Dynasty (202B.C. － 220)
Height:30cm, Width:24cm, Bottom Diameter:13cm
Collected
Xuzhou Museum

这套器具由熨斗和支架组成。支架器座为喇叭
形，柱形柄，柄上端蹲坐一熊。熨斗平插于支
架上端的孔中。熨斗圆底浅腹，直体长把。器
型与汉代的实用器相近。

铜宽流扁壶

Bronze Flat Pot

西汉（公元前202—公元8年）
江苏省徐州市狮子山楚王墓出土
高33.6厘米，宽42.7厘米
徐州博物馆
Western Han Dynasty (202B.C. — 8)
Height:33.6cm, Width:42.7cm
Unearthed from the Tomb of the King of Chu at
Shizishan, Xuzhou City, Jiangsu Province
Xuzhou Museum

该铜扁壶素面，盘口，口沿有一宽大的鸭嘴形流。双肩有对称
环耳。扁圆腹，后腹上有一环形钮，圆底，圈足。该铜扁壶与
银盆、银铫、铜鉴等沐浴用器同出，当属沐浴器具，是沐浴时
用来舀水或往浴者身上浇水用的。

扁壶始现于春秋时期，是西汉时期较为常见的器物，有蒜头形，
圆直口带盖形，还有带提梁形。蒜头铜扁壶主要流行于西汉早
期，是受秦文化影响的产物，西汉中期开始，扁壶进入汉式阶
段。该扁壶造型特殊，不同于当时流行的常规扁壶。有学者认
为这种扁壶产自中亚，是中西文化交流融合的产物。也有学者
认为扁壶在中原地区的出现可能与北方游牧文化的传播有密切
关系。狮子山楚王墓和羊鬼山陪葬坑中共出土4件此类扁壶，
形制大小不尽相同。据此推断，其产自中亚的可能性较小，很
可能是楚国工匠吸收草原游牧文化因素设计制作的。此类扁壶
也是楚国王室用器中比较有特色的器物。

长乐未央

———————○———————

　　高祖初都洛阳，后因长安有"金城""天府"的优势而迁都至此。长安城规划"览秦制，跨周法"，是《周礼·考工记》所推崇的"理想之城"，对后世影响深远。随着丝绸之路的开通，汉长安城更是发展成为中国历史上第一个国际大都会，也是当时全球最大的商贸城市之一。

龙纹空心砖

Hollow Brick with Dragon Pattern

汉代（公元前 202—公元 220 年）

长 118 厘米，宽 37.5 厘米，厚 19.5 厘米

陕西省西安市西郊出土

西安博物院

Han Dynasty (202B.C. － 220)

Length:118cm, Width:37.5cm, Thickness:19.5cm

Unearthed from the Western Suburb of Xi'an City, Shaanxi Province

Xi'an Museum

砖体为长方形，中空。正面纹饰以璧为中心，构成一幅生动自然的"二龙拱璧图"。璧上方和龙足下方各有一对叶形云纹，璧下方和龙背上方各有一灵芝草。整个画面，满而不乱，多而不散。

江苏徐州东洞山二号楚王后墓出土带有"明光宫"刻铭的铜锺1件、铜鼎4件、勺子2件。"明光宫"位于长安城内，文献对其多有记载。《汉书·武帝纪》载，太初四年（公元前101年）"秋，起明光宫"。《雍录》记载："汉明光宫有三，一在北宫，与长乐相连；一在甘泉宫中；一为尚书奏事之地。"《三辅黄图》北宫条下载："明光宫，武帝太初四年秋起，在长乐宫后，南与长乐宫相连属。"对长安城遗址的考古勘测表明，明光宫遗址位于长安城东部宣平门和清明门之间，印证了文献中对其位置"在北宫，与长乐相连"的记载。东洞山二号墓出土铜器上的铭文表明，这批作为楚王后赵姬随葬品的铜器曾是明光宫中的用器。

铜鼎

Bronze *Ding*

西汉（公元前202—公元8年）
通高21厘米，腹径23.5厘米
江苏省徐州市东洞山楚王后墓出土
徐州博物馆
Western Han Dynasty（202B.C. — 8）
Total Height:21cm, Belly Diameter:23.5cm
Unearthed from the Tomb of the Queen of Chu at Dongdongshan, Xuzhou City, Jiangsu Province
Xuzhou Museum
带盖，盖上有3桥形钮，钮上有小圆形凸起。蹄足，附耳，深腹，腹部饰有一周凸弦纹。

铜鼎腹部刻铭"明光宫"

"明光宫"铭铜鼎

Bronze *Ding* with Characters of "明光宫"

西汉（公元前202—公元8年）
通高21厘米，腹径23.5厘米
江苏省徐州市东洞山楚王后墓出土
徐州博物馆
Western Han Dynasty（202B.C. — 8）
Total Height:21cm, Belly Diameter:23.5cm
Unearthed from the Tomb of the Queen of Chu at Dongdongshan,
Xuzhou City, Jiangsu Province
Xuzhou Museum

汉代明光宫用器。带盖，盖上有3桥形钮，钮上有小圆形凸起。蹄足，附耳，深腹，腹部有"明光宫"刻铭并饰有一周凸弦纹。

铜锺圈足刻铭
"明光宫赵姬锺"

"明光宫赵姬锺" 铭铜锺

Bronze *Zhong* with Characters of "明光宫赵姬锺"

西汉（公元前 202—公元 8 年）
高 43 厘米，口径 17 厘米，腹径 36 厘米，圈足径 21 厘米
江苏省徐州市东洞山楚王后墓出土
徐州博物馆
Western Han Dynasty (202B.C. － 8)
Height:43cm, Mouth Diameter:17cm, Belly Diameter:36cm, Diameter
of the Ring Foot:21cm
Unearthed from the Tomb of the Queen of Chu at Dongdongshan,
Xuzhou City, Jiangsu Province
Xuzhou Museum

铜锺口部微侈，鼓腹，口部、颈部和腹部饰有四道扁宽凸
环带，腹部近肩处有两对称的兽首衔环，圈足上有"明光
宫赵姬锺"刻铭。《说文·金部》载："锺，酒器也。"
汉代，此类形制相同的器物有的自铭为"壶"，有的自铭
为"锺"。满城中山靖王刘胜墓出土一件铜锺，肩上刻有
铭文："中山内府锺一，容十斗，重（缺文）。卅六年，
工充国造。"这件锺与同墓出土的一件铜壶造型相同，大
小相近。可见，汉代所说的锺和壶实际上指的是同一种形
制的器物，只是命名不同。此外，文献记载锺还可代表一
定的容量。

"王后家盘"铭鎏金铜盘

Gilt Bronze Plate with Characters of "王后家盘"

西汉（公元前 202—公元 8 年）
高 8.2 厘米，口径 31.5 厘米，底径 15.7 厘米
江苏省徐州市东洞山楚王后墓出土
徐州博物馆
Western Han Dynasty (202B.C. — 8)
Height:8.2cm, Mouth Diameter:31.5cm, Bottom Diameter:15.7cm
Unearthed from the Tomb of the Queen of Chu at Dongdongshan, Xuzhou City,
Jiangsu Province
Xuzhou Museum

铜盘敞口平沿，直腹，圜底，器壁较薄，通体鎏金，素面。腹部阴刻
"王后家盘"四字。器体铭文明确表明该盘是王后赵姬的沐浴用器。

铜盘底部

铜盘刻铭"王后家盘"

金饼

Cake-shaped Golden Ingots

西汉（公元前 202—公元 8 年）
直径 6.1—6.5 厘米
陕西省西安市谭家乡东十里铺村出土
西安博物院
Western Han Dynasty (202B.C. — 8)
Diameter:6.1 — 6.5cm
Unearthed from the Dongshilipu Village, Tan Town,
Xi'an City, Shaanxi Province
Xi'an Museum

每枚金饼的重量多在 245 克至 250 克左右，约相当于汉代的一斤。金饼表面多刻有"黄、张、马、吉、贝"等戳记以及"V"字符号，为研究汉代的铸币制度和赋税制度提供了重要的实物资料。汉代的黄金铸币有两种：一种为类似圆台体、中部空、上部开口，略呈杯形的黄金铸块，通常称作"马蹄金"。另一种就是这种扁圆饼状的黄金铸块，称作"麟趾金"，俗称金饼。《尔雅·释器》："黄金谓之璗，其美者谓之镠。……饼金谓之钣。"因此，金饼也可称作钣，通作版。"麟趾金"名称始于汉武帝太始二年（公元前 95 年），《汉书·武帝纪》载："太始二年，诏曰：'有司议曰，往者朕郊见上帝，西登陇首，获白麟以馈宗庙，渥洼水出天马，泰山见黄金，宜改故名。今更黄金为麟趾、裹蹏以协瑞焉。'"

046

鎏金青铜樽

Gilted Bronze *Zun*

西汉（公元前 202—公元 8 年）
通高 13.34 厘米，直径 13.83 厘米
陕西省西安市雁塔区芙蓉园出土
西安博物院
Western Han Dynasty (202B.C. — 8)
Total Height:13.34 cm, Diameter:13.83cm
Unearthed from the Furong Yuan, Yanta District, Xi'an City,
Shaanxi Province
Xi'an Museum

此樽为隆盖，盖顶中间有一圆环钮，外有三个凤鸟形
提手。器身直筒形，直腹中部以两道凹弦纹分隔出上
下两个区域，装饰连续蟠螭纹，深腹，腹部铸有一对
铺首衔环。平底，樽底有三兽状立足。

①

②

说唱铜镇

Bronze Singing-talking Mat-weights

汉代（公元前 202—公元 220 年）
①底长 7.4 厘米，高 9 厘米
②底长 7.4 厘米，高 9 厘米
③底长 6.5 厘米，高 8.5 厘米
④底长 7.2 厘米，高 8.9 厘米
陕西省西安市莲湖区出土
西安博物院

Han Dynasty (202B.C. － 220)
① Bottom Length:7.4cm, Height:9cm
② Bottom Length:7.4cm, Height:9cm
③ Bottom Length:6.5cm, Height:8.5cm
④ Bottom Length:7.2cm, Height:8.9cm
Unearthed from the Lianhu District, Xi'an City, Shaanxi Province
Xi'an Museum

③   ④

这四件说唱铜镇均为合范铸成，形体较小，姿态不一，表情各异，生动再现了汉代说唱表演场面，是汉代铸造雕塑作品中难得的珍品。

①双眼微眯，头下低，后留发髻，着交领宽袖长袍，跪坐地上，腰系带，一手撑地，另一手置于腿前，似睡非睡状。

②头留发髻，略向前伸，身穿交领长袍，腰系带，大肚高凸，跪坐于地上，双手置于腿上，龇牙咧嘴，说唱表演状。

③④谈笑形，头带风帽，后发髻外露，胡须刻画清楚可见。身穿交领宽袖长袍，腰系带，跪坐于地上，一手着地支撑，另一胳膊肘置于腿上，手上举，一肩高，一肩低，头前伸，呈谈笑得意状。

正面

背面

铜说唱俑

Bronze Figurines of Sing-talking

西汉（公元前202—公元8年）
高7.7厘米
河北省保定市满城汉墓出土
河北博物院
Western Han Dynasty (202B.C. — 8)
Height:7.7cm
Unearthed from Mancheng Han Tombs, Baoding City, Hebei Province
Hebei Museum

俑为坐姿，头戴圆帽，高髻，着错金云纹右衽衫，袒胸露腹。大眼睛，高颧骨，尖下巴，张嘴嬉笑，表情滑稽，正在进行说唱表演。

玉猪

Jade Pig

西汉（公元前 202—公元 8 年）
长 11.8 厘米，高 3.3 厘米
陕西省西安市雁塔区山门口村汉墓出土
西安博物院
Western Han Dynasty (202B.C. — 8)
Length:11.8cm, Height:3.3cm
Unearthed from the Han Tomb in Shanmenkou Village,
Yanta District, Xi'an City, Shaanxi province
Xi'an Museum

玉猪，亦称玉豚，是一种较常见的随葬玉器。此猪头向前伸，小耳双竖后抿，眼呈橄榄形，猪鼻端平，鼻梁刻三道弦纹，鼻下一道斜弧线勾划出似有笑意的嘴巴，尾巴短小贴在臀部，四腿粗短，体态肥胖，真实生动地表现出猪向前奔跑的形态。

陶骆驼

Pottery Camel

西汉（公元前 202—公元 8 年）
长 97 厘米，高 76 厘米
陕西省西安市雁塔区沙坡村出土
西安博物院
Western Han Dynasty (202B.C. — 8)
Length:97cm, Height:76cm
Unearthed from the Shapo Village, Yanta
District, Xi'an City, Shaanxi province
Xi'an Museum

这件骆驼俑表现出骆驼在漫漫丝路上长途跋涉，于疲惫之中抖擞精神的形态。在丝绸之路沿线许多国家和地区的考古发掘中，骆驼俑多有出土。它们千姿百态，栩栩如生，或与胡人相伴，或满载物品，或结队成群，再现了古丝绸之路上的繁荣景象。

天下县邑城

天下之中——洛阳

洛阳，位于河南省西部，黄河之滨，洛水两岸，因古时地处洛水之阳（北）而得名[1]，"河、山控带，形胜甲于天下"[2]，位居天下之中。距今一万年前后，以洛阳为中心的河洛地区进入新石器时代，裴李岗文化、仰韶文化、龙山文化递进发展。春秋战国时期，洛阳作为周天子所在地闻名天下。西汉初都洛阳，后迁长安，仍以洛阳为陪都。当时的洛阳既是长安控制中原的桥头堡，亦是天下货物进入长安的必经之地，因其区位优越、政治副中心和商业重镇等多方面的城市综合实力，位列五都之首。东汉时，洛阳为都城，成为全国政治、经济、文化中心。

一　区位优越的疆域中心

> 惟汉元之运会，世祖受命而弭乱。体神武之圣姿，握天人之契赞。挥电旗于四野，拂宇宙之残难。受皇号于高邑，修兹都之城馆。寻历代之规兆，仍险塞之自然。被昆仑之洪流，据伊洛之双川。挟成皋之岩阻，扶二崤之崇山。砥柱回波缀于后，三涂太室结于前。镇以嵩高乔岳，峻极于天。
>
> ——东汉·傅毅《洛都赋》

公元前 21 世纪，生活在这里的夏族，建立了中国第一个王朝——夏朝[3]。其后，商、西周、东周、东汉、曹魏、西晋、北魏、隋、唐、后梁、后唐、后晋相继在洛阳营建都城[4]。据《史记·周本纪》记载，周武王克商后，为求天下安定，即开始营筑洛邑作为东都。至成王继位，为加强对东方殷遗民及东南地区方国的统治[5]，命周公和召公继续营建洛邑成周。此事详细记载于《尚书》中："成王在丰，欲宅洛邑，使召公先相宅，作《召诰》。……惟太保先周公相宅。……太保朝至于洛，卜宅。"[6]1963 年陕西省宝鸡市贾村塬出土的青铜器何尊内底铭文对此事亦有记载，其文曰："唯王初迁宅于成周，复禀武王礼福自天。在四月丙戌，王诰宗小子于京室，曰：昔在尔考公氏克迹文王，肆文王受兹大命。唯武王既克大邑

[1]　《洛阳十三朝》编纂委员会编：《洛阳十三朝》（上），中州古籍出版社，2013 年，第 1 页。
[2]　〔清〕顾祖禹：《读史方舆纪要》，中华书局，2005 年，第 2214 页。
[3]　洛阳博物馆编：《河洛文明》，中州古籍出版社，2012 年，第 1 页。
[4]　史念海：《中国古都和文化》，中华书局，1998 年，第 137 页。
[5]　洛阳博物馆编：《河洛文明》，中州古籍出版社，2012 年，第 56 页。
[6]　《十三经注疏·尚书正义》，北京大学出版社，1999 年，第 389—390 页。

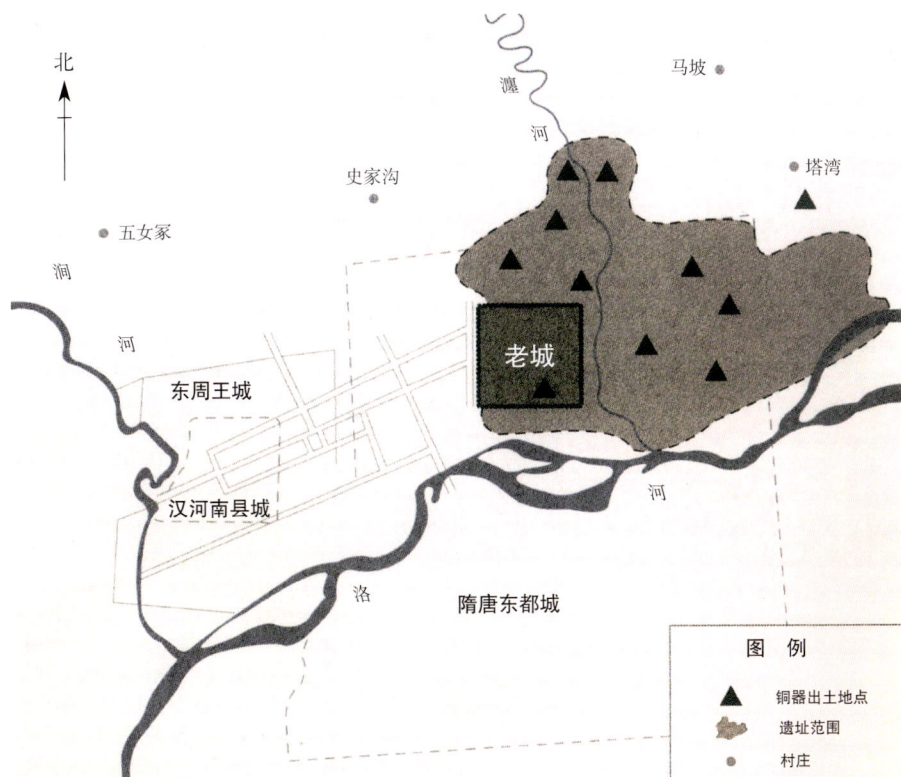

图一　西周成周城位置示意图

(采自洛阳博物馆编：《河洛文明》，中州古籍出版社，2012年，第57页)

商，则廷告于天，曰：余其宅兹中国，自之乂民。"[1]铭文中的"宅兹中国"，是迄今所见最早的"中国"一词，意为国家之中心，指的是周王朝疆域的中心地区，也即今洛阳一带。西周洛阳作为京畿的重要组成部分，成为统御全国的又一政治、经济、文化中心。根据考古发现，今洛阳市东郊瀍河两岸分布的大型贵族墓地、车马坑、祭祀坑以及大型铸铜作坊遗址表明西周成周城或位于此处（图一）。

建都于洛的原因很清楚，古人认为洛邑位于天下的中心区域，便于四方的朝贡。然而，在西周一代的数百年中，天子一直都居住在丰、镐两京。真正将首都迁至洛邑，是在洛邑建城300多年后的周平王时代。自周平王元年（公元前770年），至东周末代天子周赧王五十九年（公元前256年），作为东周王都的洛阳是全国的政治中心。东周王城城址位于中原腹地洛阳盆地内涧河和洛河的交汇处，根据文献记载和考古发现的相互印证，一般认为其遗址应是20世纪80年代在现汉魏洛阳城下发现的周代城址[2]（图二）。

公元前249年，秦灭周后于河洛一带置三川郡，治所在洛阳（汉魏故城）。《史记·秦本纪》载："东周君与诸侯谋秦，秦使相国吕不韦诛之，尽入其国。……使蒙骜伐韩，韩献成皋、巩，

[1]　《洛阳十三朝》编纂委员会编：《洛阳十三朝》（上），中州古籍出版社，2013年，第31页。

[2]　许宏：《大都无城》，生活·读书·新知三联书店，2016年，第108页。

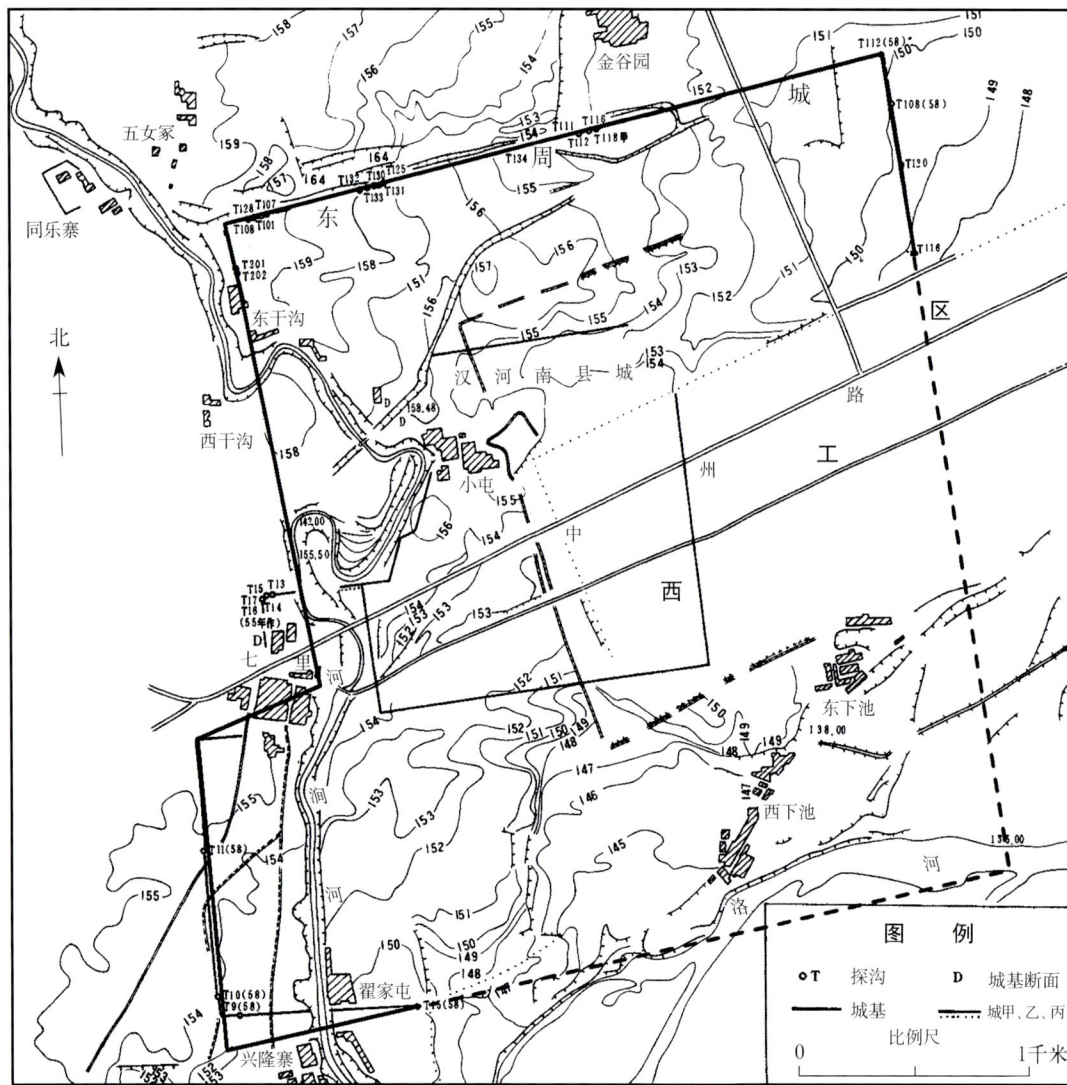

图二　东周王城平面示意图

(采自洛阳博物馆编：《河洛文明》，中州古籍出版社，2012 年，第 110 页)

秦界至大梁，初置三川郡。"[1]公元前 202 年，刘邦称帝，因洛阳有"被昆仑之洪流，据伊洛之双川，挟成皋之岩阻，扶二崤之崇山"[2]的地理位置优势，初都于此，以为"背河乡（向）雒，其固亦足恃"[3]。根据《汉书·高帝纪》记载，高祖五年（公元前 202 年）夏五月曾"置酒洛阳南宫"，次年"上居南宫，从复道上见诸将往往偶语"，可以判断，西汉时期的洛阳城已有南宫。后虽迁都长安，仍然将洛阳作为陪都和河南郡郡治。汉武帝时推行"广关"政策，从河南郡析置弘农郡，将构建的"大关中"区域的东界向东推进 300 里至太行山——

[1]　〔西汉〕司马迁：《史记·秦本纪》，中华书局，2013 年，第 273 页。

[2]　〔东汉〕傅毅：《洛都赋》。

[3]　〔东汉〕班固：《汉书·张陈王周传》，中华书局，2013 年，第 2032 页。

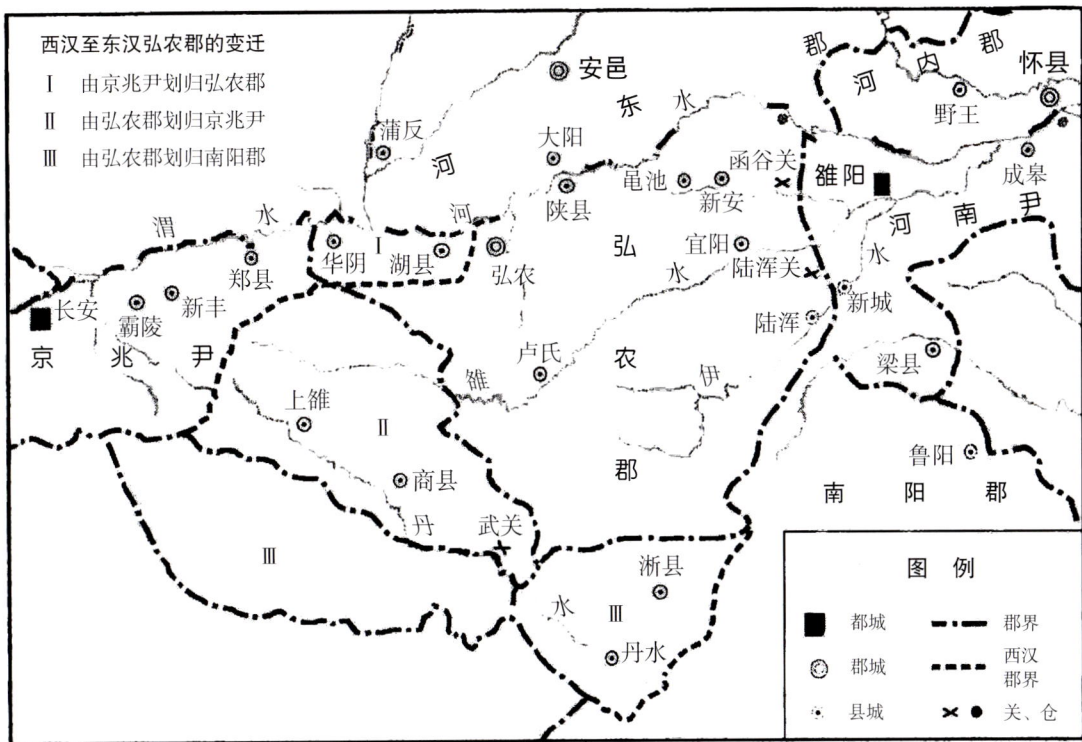

图三 西汉至东汉弘农郡的变迁示意图

（采自胡方：《汉唐时期长安洛阳之地域空间研究》，陕西师范大学博士学位论文，2012年）

新函谷关—武关一线。迁移函谷关进一步加强了洛阳的军事地位，有汉一代，洛阳都是汉王朝控制汉东、屏卫关中的咽喉地带，可谓把"关中本位"的政治地理思想践行到了极致（图三）。

至公元25年，光武帝刘秀建立东汉，定都洛阳，洛阳成为全国的政治、经济、文化中心。东汉洛阳城建立于西周成周城、东周洛邑和秦代三川郡的基础上[1]，自建武二年（公元26年）起至明帝永平三年（公元60年），先后营建高庙、社稷、南郊兆域、洛阳城南太学、南宫前殿、明堂、灵台、辟雍、北郊兆域等。此后，又相继在城内建造了诸多宫苑，使洛阳终成一代繁华帝都。继东汉而立的曹魏、西晋、北魏王朝均定鼎洛都，历时300多年。北魏时期，孝文帝迁都洛阳，力行汉化政策，洛阳成为民族、文化、宗教、艺术的融汇地。考古发现表明，汉魏洛阳城是当时世界上面积最大的国际大都会，总面积约100平方公里。城市布局上承周秦，下启隋唐，体现出从先秦城市的非对称性、不规则布局向隋唐都城中轴对称布局过渡的特点，在中国都城发展史上具有划时代的意义（图四）。

---

[1] 《洛阳十三朝》编纂委员会编：《洛阳十三朝上》，中州古籍出版社，2013年，第225页。

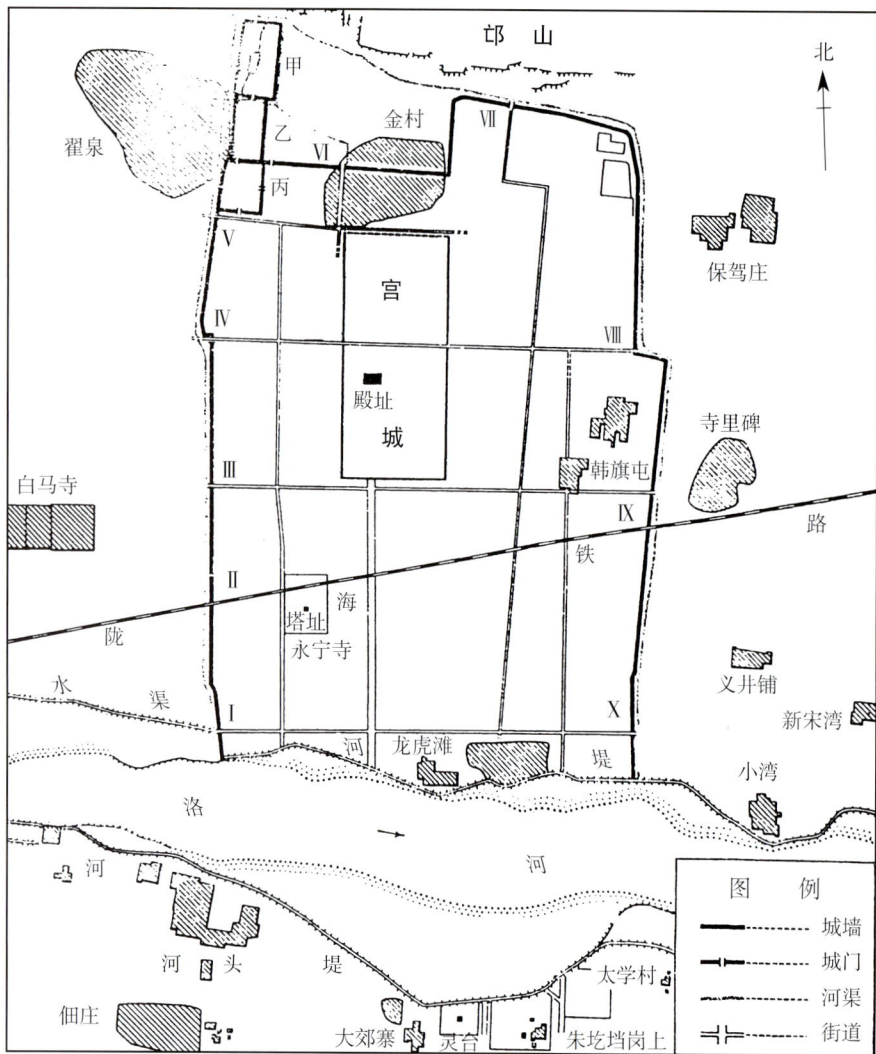

图四　汉魏洛阳城平面实测图

(采自段鹏琦:《汉魏洛阳故城》,文物出版社,2009 年,第 29 页)

二　万方辐凑的商贸枢纽

船车贾贩,周于四方;废居积贮,满于都城。琦珞宝货,巨室不能容;马牛羊豕,山谷不能受。

——南朝宋·范晔《后汉书·王充王符仲长统列传》

在汉王朝相对宽松的工商业政策的带动下,各地商品经济得到较为快速的发展[1]。西汉初,洛阳仅剩 5000 余户,后随着长安与国内市场联系的加强,洛阳因地居齐、秦、楚、赵之中,陆路水路四通八达,既是长安控制中原的桥头堡,亦是天下货物进入长安的必经

[1]　何一民:《中国城市史》,武汉大学出版社,2012 年,第 159 页。

图五　洛阳市郊区东汉墓出土玻璃瓶

之地，随之而兴盛起来，"资末业者什于农夫，虚伪游手什于末业"[1]。经济发展带动了人口增长，西汉后期，洛阳城市人口达 5 万余户，较西汉初增加了 10 倍，成为仅次于长安的全国第二大都会，位列汉代五都之首。东汉时作为帝都，洛阳城市人口大大增加，不仅皇室人员、百官、贵族、军队云集，工商百业者也都纷纷向都城聚集，甚至有少数民族的商人百姓及邻国使人。洛阳文化艺术繁荣，对外交流频繁，成为丝绸之路的东方起点，也成为东方文明西传的源头之一（图五）。"重舌人之九译，金稽首而来王"[2]，"其民异方杂居，多豪门大族，商贾胡貊，天下四会，利之所聚，而奸之所生"[3]。东汉后期，洛阳的工商业达到空前的繁荣，号称"举俗舍本农，趋商贾，牛马车舆，填塞道路，游手为巧，充盈都邑"[4]。隋朝修建大运河，以洛阳为中心，南抵余杭（今杭州），北达涿郡（今北京），将钱塘江、长江、淮河、黄河连接起来，纵贯南北四千余里，使之成为全国水陆交通枢纽，加强了东西南北的物资交流。至唐代，洛阳店铺林立，商贾云集，成为世界上最繁华的大都市之一。

[1]　〔南朝宋〕范晔：《后汉书·王充王符仲长统列传》。
[2]　〔东汉〕张衡：《东京赋》。
[3]　〔西晋〕陈寿：《三国志》卷二一《魏书·傅嘏传》裴松之注引《傅子》。
[4]　同 [1]。

图六　河南已经发现的汉代冶铁遗址示意图

（采自《中国冶金史》编写组：《河南汉代冶金技术初探》，《考古学报》1978年第1期）

除货物流转外，洛阳煤炭资源丰富，为开展高耗能的冶铸、制陶等手工制造提供了便利。汉武帝施行盐铁专营后，在全国设置铁官四十九处，统一经营管理，河南郡便是其中一处（图六）。在巩义铁生沟汉代冶铁遗址中，发现有炼炉18座、熔炉1座、锻炉1座以及大量的煤饼、煤渣、原煤块和与铁块烧结在一起的煤，这些发现证明在西汉时期即以煤冶铁的事实。巩义铁生沟冶铁遗址的许多陶窑中都发现有煤灰和原煤块，并出土带有"河一""河二""河三"铭文的陶灶模型，一方面说明当时河南郡铁官作坊也兼营制作陶器，同时也表明制陶的窑炉使用了煤作为燃料。

三　文教科技繁荣兴盛

是以四海之内，学校如林，庠序盈门，献酬交错，俎豆莘莘，下舞上歌，蹈德咏仁。登降铵宴之礼既毕，因相与嗟叹玄德，说言弘说，咸含和而吐气，颂曰："盛哉乎斯世！"

——东汉·班固《东都赋》

秦至西汉时期，全国的政治中心在关中，文化中心则在东方的齐鲁，形成政治中心与文化中心分离的局面。东汉时，随着都城的东迁和洛阳及其周围文化的发展，政治中心与文化中心合二为一[1]，洛阳四方学士云集，名师大儒荟萃，成为全国的学术、教育中心。东汉光武帝建武五年（公元 29 年），在洛阳设立了太学。东汉太学遗址位于汉洛阳故城南，在今洛阳偃师太学村一带，是东汉传授儒家经典的最高学府，建成后又屡加扩建，太学生最多曾达到三万余人。东汉以后曹魏、西晋、北魏相继延设洛阳太学。考古发掘表明，太学遗址规模宏大，面积达数万平方米，是中国规模最大、最早的国立大学。此外，地动仪、浑天仪、造纸术等许多影响世界的科技发明也在洛阳应运而生，城市文教科技呈现前所未有的繁荣局面。而后，魏晋的玄学、汉唐间的佛学、宋代的理学，亦均兴盛于此。

　　在中国古代都城中，洛阳以建都最早，建都朝代最多、时间最长，成为中国历史上政治、经济和文化的中心城市之一。秦汉时期，伴随着新的城市营建、都城规划与发展，这座城市所孕育的儒、道、佛等学说在中国传统文化的形成和发展中具有举足轻重的地位。

[1]　卢云：《汉晋文化地理》，陕西人民教育出版社，1991 年，第 80—82 页。

宅兹中国

洛阳在西周时称"成周"。周武王灭商后就着手在此建立新都，至周成王五年建成，此事详细记载于何尊铭文中。周平王正式迁都成周，这也是洛阳作为全国性都城的第一个时期。战国时因其位居雒水（洛水古称）之北，又称雒阳。此名既为地理区域名，亦为城名，沿用至今。秦时置洛阳为三川郡。汉武帝推行"广关"政策，在长安与洛阳之间设弘农郡，加强了洛阳的军事地位。东汉时洛阳为都城，经济文化持续发展。

陶 "关" 字瓦当

Pottery Eaves Tile with Pattern of "关"

汉代（公元前 202—公元 220 年）

直径 14—16 厘米

河南省洛阳市汉函谷关建筑遗址出土

洛阳博物馆

Han Dynasty (202B.C. — 220)

Diameter:14 — 16cm

Unearthed from the Building Site of Hangu Pass in Han Dynasty, Luoyang City, Henan Province

Luoyang Museum

圆形，中有阳文 "关" 字，表明其为汉函谷关特制的建筑构件。秦汉时设关多处，函谷关是洛阳至关中之间诸关中最重要的关隘。该遗址还出土了大量的板瓦和筒瓦，并发现了仓库建筑遗址。

熹平石经（太学）

Xi Ping Stone Scripture（*Imperial School*）

东汉（公元 25—220 年）
残长 19 厘米，残宽 15 厘米
河南省洛阳市偃师汉魏太学遗址出土
洛阳博物馆

Eastern Han Dynasty (25 - 220)
Imperfect Length:19cm, Imperfect Width:15cm
Unearthed from the Han and Wei Imperial School
Sites in Yanshi, Luoyang City, Henan Province
Luoyang Museum

该石经残片为青石质，整体呈不规则四边形，共存 5 行 16 字："和……日至于……罪寇攘奸宄……大不友于弟惟……引恶"，为《尚书·康诰》内容。东汉熹平四年（公元 175 年），汉灵帝诏令蔡邕等人订正儒家经典，刻立石碑，立于洛阳太学堂前，史称"熹平石经"或"太学石经"。因石经是用隶书一体写成，字体方平，中规入矩，故又称为"一字石经"。石经分 46 块，刊刻《周易》《尚书》《鲁诗》《仪礼》《春秋》《论语》《公羊传》七部儒家经典计 20 余万字，是中国历史上最早的官定儒家石刻经本，具有极高的历史价值和书法价值。

"驸马都尉"银印

Silver Seal with Characters of "驸马都尉"

东汉（公元 25—220 年）
高 2.1 厘米
河南省洛阳市伊川出土
洛阳博物馆
Eastern Han Dynasty (25 － 220)
Height:2.1cm
Unearthed from the Yichuan, Luoyang City, Henan Province
Luoyang Museum

银质印章，方形龟钮，正面阴文篆书"驸马都尉"四字。汉代一官一印，质地有金、银、玉石、铜等，银质龟钮印为两千石以上官吏可使用。"驸马都尉"是古代官职之一，此官始置于汉武帝，至魏晋时仍有之，秩比千石，印文与史料记载相符。皇帝出行时所乘坐的车驾为正车，其他随行的马车均为副车。正车由奉车都尉掌管，副车由驸马都尉掌管。

铜郡国五铢钱范

Bronze Coin Mould

西汉（公元前 202—公元 8 年）

长 26 厘米，宽 7.5 厘米

河南省洛阳市西工区王城公园出土

洛阳博物馆

Western Han Dynasty (202B.C. — 8)

Length:26cm, Width:7.5cm

Unearthed from the Wangcheng Park, Xigong
District, Luoyang City, Henan Province

Luoyang Museum

该范为铜质，形似长铲，上端作銎状。范身为长方形，设五铢钱母两排，每排七个，共 14 个阴文反书五铢钱模。钱文系篆书，五铢的"五"字交笔曲缓，"铢"的金字头呈三角形，朱字上笔方折。穿口凸起与范面平，中心有圆规定位的圆状凹点。范上端有喇叭形浇铸口与主浇道相连，浇道两侧分别有 14 道支槽通向钱模，范肩两边和范面底部分别有定位孔。该钱范铜色浑厚匀称，篆文工整严谨、端庄俊秀，钱形极为规整精美。从其形制、文字上分析，为郡国初铸"五铢"时所制铜子范，是研究西汉铸币工艺的宝贵实物。

汉代人推崇"事死如事生"的思想，将现实生活中的各类事物制成陶模型随葬于墓中，称为明器。各类生产、生活陶明器生动还原了天下之中——洛阳丰饶富庶的景象，再现了汉代的信仰、习俗及现实生活，反映出汉代人注重追求"死后还生"的丧葬观和对人生的重视和期望，

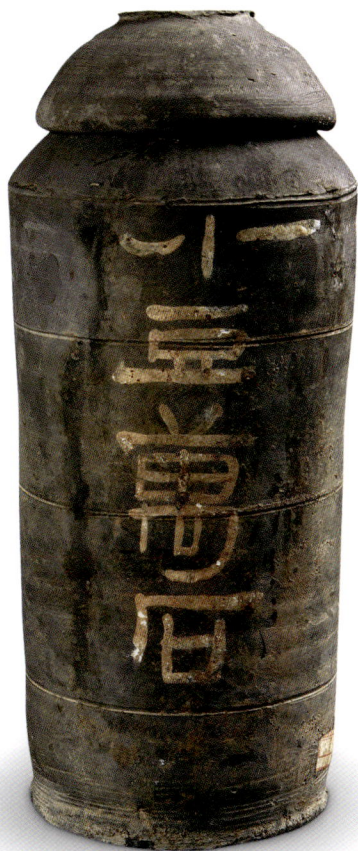

"小豆万石"陶仓

Pottery Barn with Characters of "小豆万石"

汉代（公元前 202—公元 220 年）
高 33 厘米，口径 6 厘米，底径 13 厘米
河南省洛阳烧沟汉墓出土
洛阳博物馆
Han Dynasty (202B.C. — 220)
Height:33cm, Mouth Diameter:6cm, Bottom Diameter:13cm
Unearthed from the Shaogou Han Tombs, Luoyang City, Henan Province
Luoyang Museum

小碗形盖，折肩，深直腹，平底，下部一小孔。陶仓正面白粉隶书"小豆万石"四个吉祥文字。

"大麦万石"陶仓

Pottery Barn with Characters of "大麦万石"

汉代(公元前202—公元220年)
高24.2厘米,口径4厘米,底径10.1厘米
河南省洛阳市西工区纱厂化浆车间汉墓出土
洛阳博物馆

Han Dynasty (202B.C. — 220)
Height:24.2cm, Mouth Diameter:4cm, Bottom Diameter:10.1cm
Unearthed from the Chemical Pulp Workshop of Cotton Mill Tomb,
Xigong District, Luoyang City, Henan Province
Luoyang Museum

折肩,深直腹,平底,下部一小孔。陶仓正面红粉隶书"大麦万石"四个吉祥文字。

陶作坊

Pottery Workshop

汉代（公元前 202—公元 220 年）
长 24.5 厘米，宽 17.4 厘米，高 18 厘米
调拨
洛阳博物馆
Han Dynasty (202B.C. — 220)
Length:24.5cm, Width:17.4cm, Height:18cm
Allocated
Luoyang Museum

两面坡式屋顶，三面有墙，室内左边有一舂米臼，右边有一磨盘，是研究我国汉代房屋建筑和手工业等的重要实物资料。

陶猪圈

Pottery Pigsty

汉代（公元前 202—公元 220 年）
通高 15.7 厘米，直径 27 厘米，圈高 6 厘米
河南省洛阳烧沟汉墓出土
洛阳博物馆
Han Dynasty (202B.C. — 220)
Total Height:15.7cm, Diameter:27cm, Pigsty Height:6cm
Unearthed from the Shaogou Han Tombs, Luoyang City, Henan Province
Luoyang Museum

猪圈为圆形，圈右侧有一带顶门，一体态肥硕的肥猪横卧圈
中。陶猪圈是汉代极具标志性的明器，是当时家畜养殖的生
动写照。

列备五都——秦汉时期的中国都市

陶米碓

Pottery Pestle

汉代（公元前 202—公元 220 年）
长 21.2 厘米，宽 7.5 厘米，高 6.8 厘米
调拨
洛阳博物馆
Han Dynasty (202B.C. — 220)
Length:21.2cm, Width:7.5cm, Height:6.8cm
Allocated
Luoyang Museum

米碓右边为一外方内圆的白窝，杵在其中，杵的左端被架在杵架上。碓由白发展而来，由杵白的一人春米发展为两人或三人同时操作。使用时，人用脚踩杠杆的一端，借助身体下压的力量使碓头翘起；当脚移开时，碓头下落，春击白中的谷粒，连续起落。因用脚踩踏，大大减轻了劳动强度，也提高了加工粮食的效率。

绿釉五羊陶圈

Green Glazed Pottery Sheepfold

汉代（公元前 202—公元 220 年）
长 21 厘米，宽 20 厘米，高 11.5 厘米
调拨
河南博物院

Han Dynasty (202B.C. － 220)
Length:21cm, Width:20cm, Height:11.5cm
Allocated
Henan Museum

羊圈为正方形，一端正中央开一长方形门，门上
有两坡带脊瓦顶，圈内有五只羊。后端有一阶梯，
可进入右边二层小房，房顶为硬山式建筑。左边
有一圈棚，为半坡式建筑。通体施绿釉。

褐釉陶磨坊

Brown Glazed Pottery Mill

汉代（公元前 202—公元 220 年）
长 16 厘米，宽 13.5 厘米，高 15 厘米
征集
河南博物院
Han Dynasty (202B.C. — 220)
Length:16cm, Width:13.5cm, Height:15cm
Collected
Henan Museum

红陶胎，分模制作组合为一体。房呈长立方体，
左右及后墙上覆有四阿式房顶。前墙高度约为其
他三面墙高度的五分之二，辟有门，左右墙上开
有圆窗及月牙形缺口。房内设有一盘两扇磨，杵
臼及碓杵一套。除底部外通体施褐釉。

乐舞百戏

汉代洛阳"乐舞百戏"之风兴盛。洛阳汉墓中出土的各类陶俑生动再现了当时丰富的歌舞杂技表演场景。当时流行的表演形式除盘鼓舞、长袖舞等各式舞蹈外，还有杂技、武术、说唱等，种类丰富多样。

"盘鼓舞"是汉代乐舞中广为流行的一种以盘与鼓为基本舞具，舞者随节拍跳踏其上的独特舞蹈类型，其起源已不可考，或是由楚国的祠神乐舞而来。"盘鼓舞"的名称始于汉代，又称"踏盘舞"，顾名思义既有盘亦有鼓，张衡《西京赋》"振朱屣于盘樽，奋长袖之飒纚"与傅毅《舞赋》"晔般鼓则腾清眸"等既是明证。因常用七盘作舞，也称"七盘舞"。这类舞蹈除与世俗百戏、宴饮庆贺的场景结合在一起，还出现在如拜谒西王母等具有升仙意义的场景中。因此，汉代的"盘鼓舞"不仅是娱乐舞蹈，可能还蕴含着"以舞酬神"的宗教信仰。

陶七盘女舞俑

Pottery Figurine of Dancer with Seven Dishes

东汉（公元 25—220 年）
俑高 12.8 厘米，盘径 3.5 厘米
河南省洛阳市涧西区七里河黄冶油库出土
洛阳博物馆

Eastern Han Dynasty (25 — 220)
Figurine Height:12.8cm; Dish Diameter:3.5cm
Unearthed from the Qilihe Huangye Oil Depot, Jianxi District,
Luoyang City, Henan Province
Luoyang Museum

舞者头梳一髻，穿长袖舞衣，腰系短裙，着长笼裤，
左脚踏一盘鼓，身前倾，作舞蹈状。前置六个小盘鼓。

彩绘陶长袖女舞俑

Painted Pottery Figurine of Dancer with Long-sleeved

汉代（公元前 202—公元 220 年）
高 15 厘米
河南省洛阳市西工区金谷园储运站出土
洛阳博物馆

Han Dynasty (202B.C. — 220)
Height:15cm
Unearthed from the Jingu Garden, Xigong District,
Luoyang City, Henan Province
Luoyang Museum

女舞俑通体彩绘，头梳双髻，穿长袖舞衣，
腰系短裙，着长笼裤，身前倾，左脚踏一盘鼓，
作前跃舞姿。

彩绘陶男胡人舞俑

Painted Pottery *Hu* People Figurine of Dancer

东汉（公元 25—220 年）
高 16.5 厘米
河南省洛阳市西工区金谷园出土
洛阳博物馆
Eastern Han Dynasty (25 － 220)
Height:16.5cm
Unearthed from the Jingu Garden, Xigong District, Luoyang City,
Henan Province
Luoyang Museum

胡俑上身裸露，下着宽大裤，两手上举，一足着地，
一足上抬，作踏地跳跃状，造型生动。

①

②

彩绘陶伎乐俑

Painted Pottery Figurines of Playing Musical Instrument

东汉（公元 25—220 年）

①长 13.2 厘米，宽 8.6 厘米，高 19 厘米

②长 14 厘米，宽 9 厘米，高 20 厘米

③长 14 厘米，宽 9 厘米，高 20 厘米

④长 13.2 厘米，宽 9 厘米，高 19.8 厘米

河南省洛阳市洛阳汉墓出土

洛阳博物馆

Eastern Han Dynasty (25 — 220)

① Length:13.2cm, Width:8.6cm, Height:19cm

② Length:14cm, Width:9cm, Height:20cm

③ Length:14cm, Width:9cm, Height:20cm

④ Length:13.2cm, Width:9cm, Height:19.8cm

Unearthed from the Han Tomb in Luoyang City, Henan Province

Luoyang Museum

③

④

陶俑通体彩绘，双手或作握乐器吹奏状，或作
抬手状。造型生动，妙趣横生，是汉代洛阳地
区陶伎乐俑的代表之作。

彩绘陶三人樽上倒立杂技俑

Painted Pottery Figurines Handstanding on the *Zun*

汉代（公元前 202—公元 220 年）

高 18.5 厘米，口径 11.6 厘米

河南省洛阳市涧西区黄河冶炼厂出土

洛阳博物馆

Han Dynasty (202B.C. － 220)

Height:18.5cm, Mouth Diameter:11.6cm

Unearthed from the Huanghe Smelter in Jianxi District, Luoyang City, Henan Province

Luoyang Museum

这件彩绘三人樽上倒立杂技俑塑造的形象十分生动。一个巨大的陶樽上面，两人手按着樽的边缘呈倒立状，另外一人倒立于这两人的双腿之上，形成倒立的"叠罗汉"，生动再现了当时杂技表演的高超水平，是研究汉代杂技的重要实物资料。

陶骑羊俑

Pottery Figurine Riding the Sheep

东汉（公元 25—220 年）

高 10.5 厘米

河南省洛阳市防洪渠二段汉墓出土

洛阳博物馆

Eastern Han Dynasty (25 — 220)

Height:10.5cm

Unearthed from the Second Section of Flood Control Canal Han Tomb,
Luoyang City, Henan Province

Luoyang Museum

羊为白色，静立状，羊角肥大弯曲，四腿较短，背上有长方
形垫子。俑为红色，骑坐于垫上，头顶挽高髻，仰脸，右臂
弯曲，左臂前伸作射击状，画面动感十足。骑羊演艺是汉代
百戏之一，反映了东汉杂技艺术的发展。

彩绘陶倒立俑

Painted Pottery Handstanding Figurine

东汉（公元 25—220 年）

高 10.1 厘米

河南省洛阳市防洪渠二段汉墓出土

洛阳博物馆

Eastern Han Dynasty (25 — 220)

Height:10.1cm

Unearthed from the Second Section of Flood Control Canal

Han Tomb, Luoyang City, Henan Province

Luoyang Museum

陶俑呈翻腿倒立状，头梳平髻，上仰直视，双手
握杠，双臂撑直，腰部呈弓形状，双腿并折，下
身涂彩。杠上有一穿孔，带绿彩。该俑造型别致，
形象生动，反映了汉代杂技表演的高超技巧。

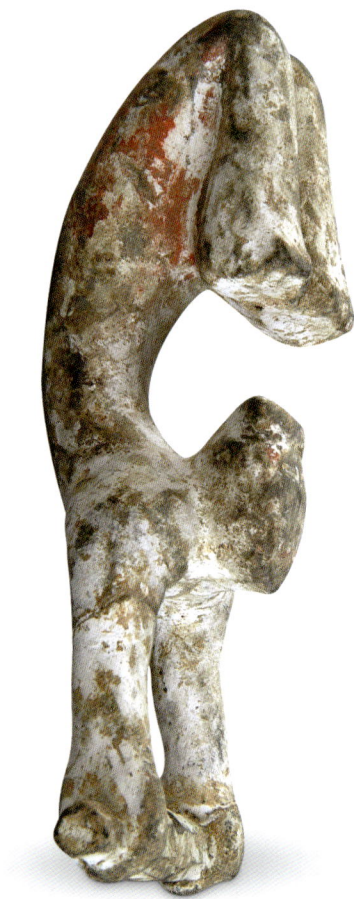

汉代俳优是带有诙谐性质的综合技艺表演者，表演类别包括乐舞、杂技、滑稽等，往往随侍主人左右，逗笑取乐。因其表演形式以说唱为主，又称说唱俑。其形态和风格可分为坐姿状和站立状两类。

彩绘陶俳优俑

Painted Pottery Figurine of Comedian

汉代（公元前 202—公元 220 年）
长 13 厘米，宽 9 厘米，高 20.3 厘米
河南省洛阳市西工区出土
洛阳博物馆
Han Dynasty (202B.C. － 220)
Length:13cm, Width:9cm, Height:20.3cm
Unearthed from Xigong District, Luoyang City, Henan Province
Luoyang Museum

陶俑头梳双髻，露齿微笑，面部丑陋，上身裸露，下着喇叭裤，右腿半弓着地，左腿抬起，作滑稽表演状。

陶滑稽蹲坐俑

Pottery Squatting Figurine of Comedian

汉代（公元前 202—公元 220 年）
高 11 厘米
河南省洛阳市出土
洛阳博物馆
Han Dynasty (202B.C. — 220)
Height:11cm
Unearthed from Luoyang City, Henan Province
Luoyang Museum

滑稽俑头梳一髻，露齿大笑，上身裸露，下
着喇叭裤，蹲坐地上，作滑稽表演状。汉
代工匠正是在抓住人物真实形象的基础上，
通过以神写形的高度概括手法，突出了滑稽
艺人在即兴表演时活灵活现的神气。

陶跪坐俑

Pottery Squatting Figurine

东汉（公元 25—220 年）

高 12.3 厘米

河南省洛阳市孟津老城扣西村出土

洛阳博物馆

Eastern Han Dynasty (25 — 220)

Height:12.3cm

Unearthed from the Mengjin Old Town Kouxi Village,
Luoyang City, Henan Province

Luoyang Museum

陶俑面部模糊，跪坐地上，双手扶膝，做思考状。

彩绘陶百花灯

Painted Pottery Lamp

东汉（25—220 年）
高 64 厘米，底径 33 厘米
河南省洛阳市涧西区黄冶油库出土
洛阳博物馆

Eastern Han Dynasty (25 — 220)
Height:64cm, Bottom Diameter:33cm
Unearthed from the Huangye Oil Depot, Jianxi District, Luoyang City, Henan Province
Luoyang Museum

该灯为细泥灰陶，余留少量彩绘，由灯座、灯柱、灯盘、灯盏组成。下部为象征山峦的喇叭形灯座，塑有神态各异的人物、飞鹿、狗等形象。上部分为灯柱、灯盘、灯盏。灯柱分为三层，每层设置一灯盘，灯盘沿口孔洞交替插放曲枝灯盏和飞龙，龙背上骑坐一羽人。整体造型优美，形象生动，反映了当时制陶工艺的发达。

灯的起源和内涵应与古代祭祀的"明烛"有关。先秦至两汉，先后出现了人俑灯、朱雀灯、凤鸟灯、雁足灯、兽形灯、百花灯（也称多枝灯、连枝灯）、豆形灯、行灯等十余种不同造型的灯。先秦时期的灯具多庄严、厚重，两汉时逐渐变得优美生动。其中，百花灯集实用性和艺术性为一体，流行时间最长，从战国到两汉先后沿用六七百年。据文献记载，此类灯应是宫廷贵族用品。造型一般是在修长的灯柱上，向四周延伸出一些枝条，枝头上托灯盘，托灯盘的枝条从三枝到十五枝不等。百花灯在汉代的流行应与汉代人追求长生不老的升仙信仰有关。作为随葬明器，这件百花灯具有为逝者在幽冥世界指引方向、带来光明的功用，是汉代神仙思想体系中升仙思想的体现。天界主题装饰如朱雀、凤凰、龙、羽人及西王母等形象和人间主题装饰人俑、动物等形象完美融合，围绕着树形展开，呈现天、地、人相通的深远意义，寄托了汉代人祈求永恒幸福，希望长生不老、羽化升仙的美好愿望。

天下之中——洛阳

洛阳汉代彩绘陶壶在艺术风格方面既保持了楚文化中天真狂放的浪漫主义色彩的遗风，造就了一种人神共处、人神共乐的梦幻图景，同时，又吸收了中原本土文化因素，使得洛阳汉代彩绘陶壶富于地方特征，表现出充满自信和力量的磅礴气势。

彩绘云气纹陶壶

Painted Pottery Pot with Pattern of Clouds

汉代（公元前 202—公元 220 年）
高 49 厘米，口径 17.5 厘米
河南省洛阳市史家沟汉墓出土
洛阳博物馆
Han Dynasty (202B.C. — 220)
Height:49cm, Mouth Diameter:17.5cm
Unearthed from the Shijiagou Han Tomb, Luoyang City, Henan Province
Luoyang Museum

陶壶顶部带有拱形盖，长颈，圆腹，腹部有对称的饕餮纹饰铺首造型，平底高圈足，体形呈流线形，浑厚笃实。全身以黑色为底，以白色、红色绘制云气纹。

列备五都——秦汉时期的中国都市

彩绘四神纹陶壶

Painted Pottery Pot with Pattern of Four Gods

汉代（公元前 202—公元 220 年）
高 48 厘米，口径 20.6 厘米，底径 19.9 厘米
河南省洛阳市 105 工区出土
洛阳博物馆
Han Dynasty (202B.C. － 220)
Height:48cm, Mouth Diameter:20.6cm, Bottom Diameter:19.9cm
Unearthed from the 105 Working Area, Luoyang City, Henan Province
Luoyang Museum

陶壶顶部带有拱形盖，长颈，圆腹，腹部有对称的饕餮纹饰
铺首造型，平底高圈足，体形呈流线形，浑厚笃实。全身以
白色为底，肩、腹部绘有汉代盛行的四神纹白虎纹、云气纹饰、
锯齿纹等图案。

海内名都——临淄

临淄地处泰山之北"北被于海，膏壤二千里"的鲁中平原腹地，历史悠久。据《周本纪》记载，周武王克商，"于是封功臣谋士，而师尚父为首封。封尚父于营丘，曰齐"[1]。公元前859年，齐国第七任国君齐献公返都营丘，将城名改为临淄。临淄作为齐国都城，是齐国名副其实的政治、经济、军事和文化中心，也是当时规模最大、最繁华的城市之一。至公元前221年秦灭齐，结束了临淄作为齐国都城的历史。秦灭齐后推行郡县制，在此设置临淄县。西汉沿用秦制，仍设临淄县。至汉高祖六年（公元前201年），实行郡国并行制度，广封诸侯国，将其子刘肥封为齐王，衍嗣历哀王、文王、孝王、懿王、厉王、怀王，先后皆治临淄[2]。东汉时复置齐国，并以临淄为青州刺史治所[3]。北齐时只设齐郡，临淄县废。隋开皇十六年（公元596年），在故城西南复置临淄县，属青州，唐、宋、元、明、清一直因袭[4]。

一　从齐国故都到两汉齐郡

关东之国无大于齐者。齐东负海而城郭大，古时独临蕾（淄）中十万户，天下膏腴地莫盛于齐者矣。

——西汉·司马迁《史记·三王世家》

周武王二年（公元前1045年）姜太公首封齐国，建都营丘。因当时礼制规定伯侯之城方五里，故营丘城规模不大，只是一个以政治、军事功能为主的城市，人口构成以国君、贵族、官员、军队和仆役为主，城市建筑以宫室等为主。《水经注·滋水》载："今临淄城中有丘，在小城内，周回三百步，高九丈，北降丈五。淄水出其前，故有营丘之名，与《尔雅》相符。"[5]

至春秋战国之际，经过历代君王的营建，临淄已成为一座规模宏伟、经济繁荣的大城市。作为双子城，临淄城由大城和小城构成，大城由官吏和平民居住，小城则是国君居住的宫城，城中有七万户，是当时人口最多的城市之一（图一）。春秋时，大城在西周基础上向西、

[1]　曲英杰：《史记都城考》，商务印书馆，2007年，第178页。

[2]　山东省文物考古研究所编：《临淄齐故城》，文物出版社，2013年，第3页。

[3]　曲英杰：《史记都城考》，商务印书馆，2007年，第179页。

[4]　金开诚、黄为放编：《齐国故城临淄》，吉林文史出版社，2011年，第6页。

[5]　〔北魏〕郦道元原注、陈桥驿注释：《水经注》（注释本），浙江古籍出版社，2001年，第420页。

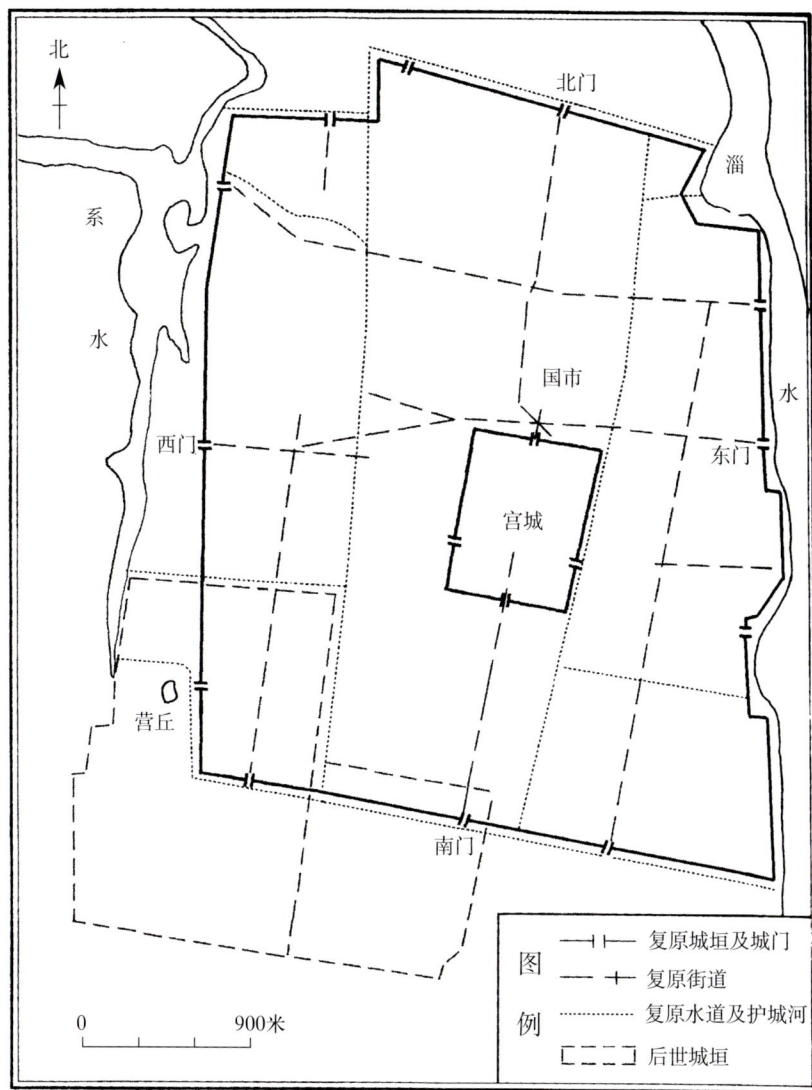

图一　西周临淄城推测复原示意图

（采自曲英杰：《史记都城考》，商务印书馆，2001年，第194页）

向南扩展；战国时，或为加强防守能力，以及将宫室宗庙、行政中心与日益增加的城市人口分开[1]，在大城西南再筑小城新宫城，两城相接，相互并列。这种舍弃西周"宫城居中"的环套型布局，而采用大小城并列，将宫城独立出来放到与大城毗邻的西南角的形制，与《周礼·考工记》的王城规划模式相比是一大进步，说明城市建设的重点转变为因地制宜和务实发展。在这种格局下，城市经济功能得到加强。根据考古发现，在大城内的北侧和西侧有大量的铁器、铜器作坊遗存，铁器作坊遗址面积达40万平方米，为各国都城少有，印证

---

[1]　薛凤旋：《中国城市及其文明的演变》，世界图书出版公司，2010年，第116页。

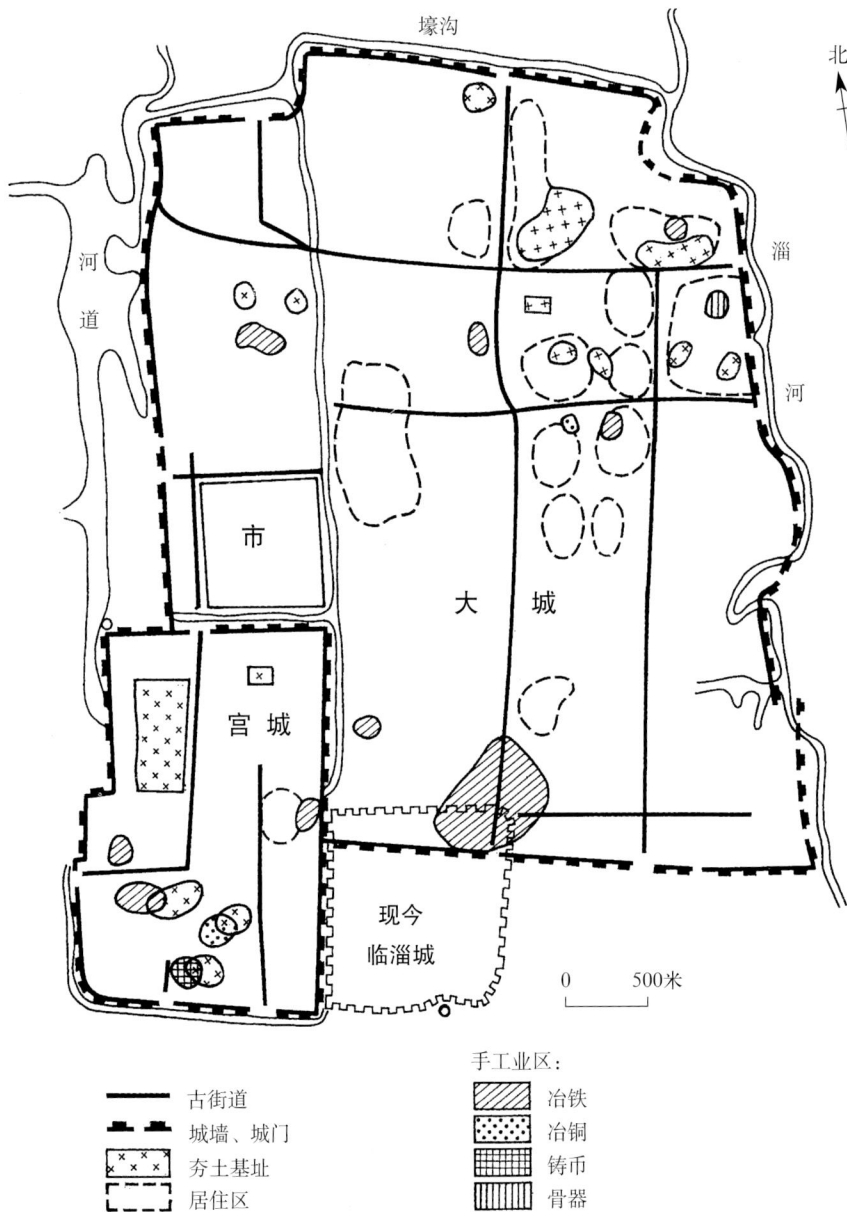

壕沟

河道

淄

河

市

大　城

宫　城

现今
临淄城

0　　500米

手工业区:

冶铁

冶铜

铸币

骨器

古街道

城墙、城门

夯土基址

居住区

图二　春秋战国时期齐国都城临淄平面示意图

(采自薛凤旋:《中国城市及其文明的演变》,世界图书出版公司,2010年,第117页)

了临淄作为战国时代大型工商业城市的地位[1]（图二）。

　　汉代的临淄城继承了战国时二重城墙的格局,形成了今天所见临淄齐国故城遗址"大城咬小城"的格局。小城为侯王的宫城;大城则是百姓所居及工商业所在,城内设有六处市场以及专门管理纺织制作、冶铸业的服官和铁官,城市的工商业属性极强（图三）。

[1]　薛凤旋:《中国城市及其文明的演变》,世界图书出版公司,2010年,第118页。

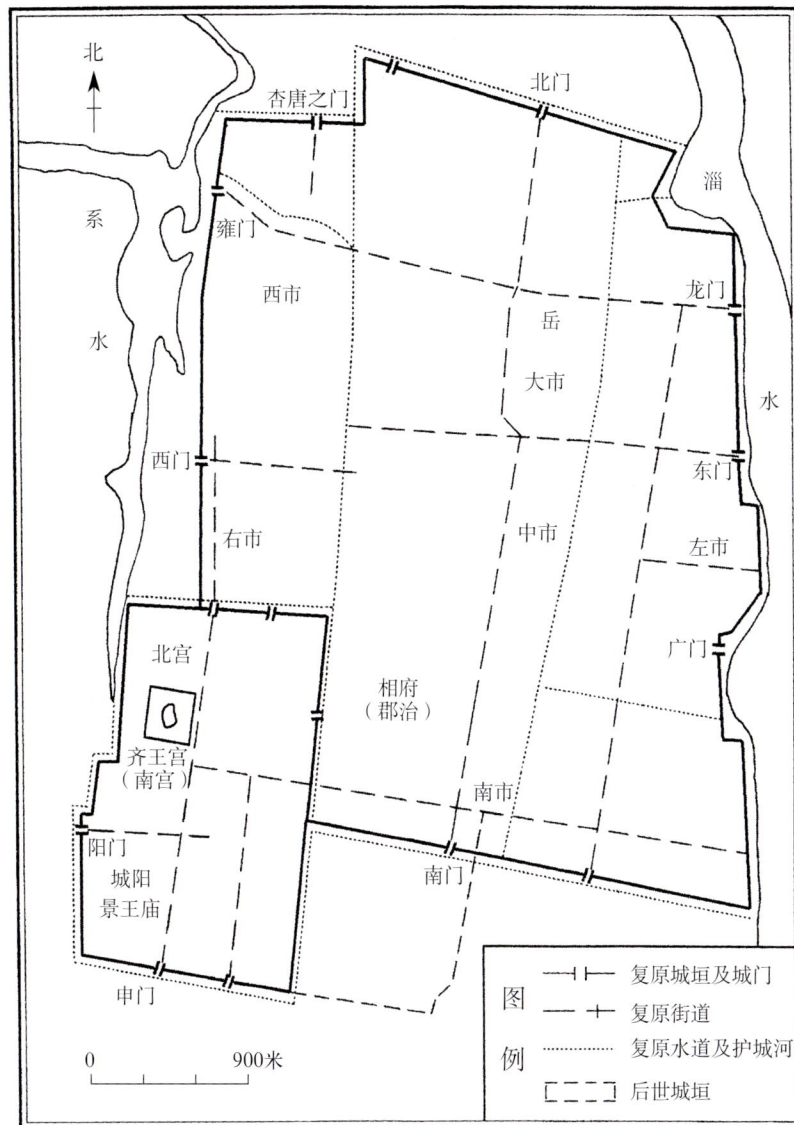

图三　西汉临淄城推测复原示意图

（采自曲英杰：《史记都城考》，商务印书馆，2007年，第208页）

二　工商立国的发展策略

　　临淄之途，车毂击，人肩摩，连衽成帷，举袂成幕，挥汗成雨；家敦而富，志高而扬。

——西汉·刘向《战国策·齐策》

　　凭借着丰富的自然资源和鱼盐之利，临淄农业和手工业相当发达，鱼盐丝织业天下闻名，冶铸业也位居全国前列。战国时，即掌握使用陶模范、石模范、铜模范铸造齐法化的技艺。加之自太公立国便制定了"通工商之业，便渔盐之利"的发展策略，故"天下之商贾归齐

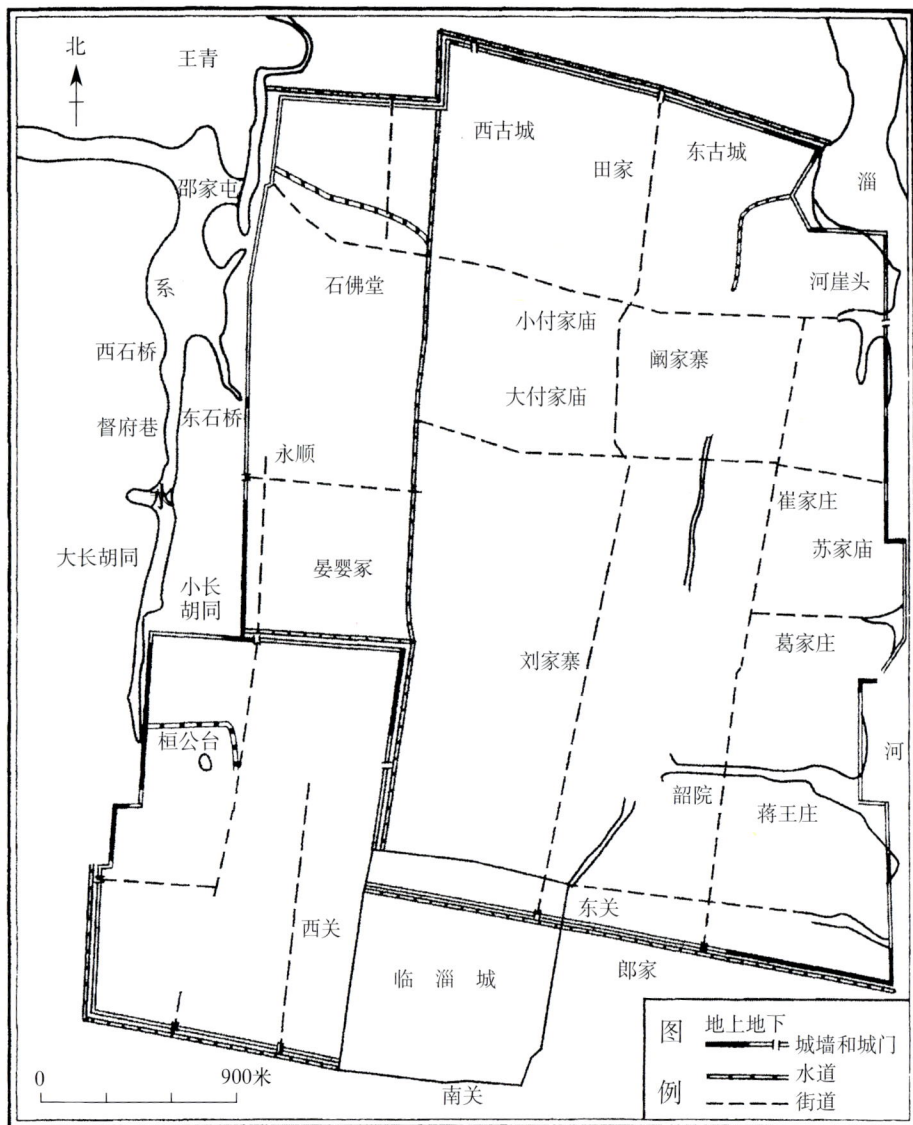

图四　临淄齐国故城钻探实测图

（采自曲英杰：《史记都城考》，商务印书馆，2007年，第186页）

若流水"，齐国货品"流而致于天下"。春秋时期，城内居民已达四万余户[1]，齐桓公时管仲改革"三其国伍其鄙"，明确划分"工、商之乡六"，临淄成为著名的工商业城市，其民"好商贾趋利，甚于周人"。战国末期，受战乱和秦暴政的影响，临淄城人口一度锐减，工商业衰颓。秦汉时期，在大一统的社会背景下，临淄地当交通要道，遂成为全国有名的大城市。西汉建立后，随着汉王朝一系列休养生息政策的实施，齐鲁地区经济很快得到恢复和发展，加之在淄水和济水之间开通运河，便利的水上交通使临淄成为齐鲁的经济中心城市，至汉

[1]　曲英杰：《史记都城考》，商务印书馆，2007年，第198页。

武帝时号称"临菑（淄）十万户，市租千金，人众殷富，巨于长安"[1]，城内街道与水道整饬（图四），位列五都之一，亦是汉代五都中工商业属性最为突出的城市。

汉代临淄城内专门设有服官和铁官，管理纺织制作及冶铸业，推动了临淄手工业和冶铁业的发展。服官向中央皇室贡纳衣物，每年春季献上头冠及束发丝巾等首服，夏季献上以轻纱制作的夏服、冬季献上以素绢制作的冬服，亦称"三服官"。《汉书》记载："故时齐三服官输物不过十笥，方今齐三服官作工各数千人，一岁费数巨万。"[2]根据考古发现，齐国都城临淄城内发现的冶铁遗址不仅规模大、分布广，而且出现时代早、延续时间长，从西周晚期一直延续到东汉时期。出土的"齐铁官印""齐铁官丞""齐采铁印""临淄铁丞"等汉印封泥，足以证明汉初齐王国设有铁官，临淄曾是我国古代冶铁业最发达的城市之一。除冶铁外，汉代临淄铸造出透雕铜镜、彩绘铜镜、大型方镜等新式铜镜，实现了铸镜技术的又一创新。

三　经济富庶推动文娱发展

发达的工商业推动了临淄文娱活动的发展，现代世界第一大体育运动现代足球的前身——蹴鞠，最早即成型于战国时期的齐国一带。临淄作为齐国都城是当时最富庶的城市之一，《史记·张仪列传》载："天下强国无过齐者，大臣父兄殷众富乐。"[3]也正是依托这样的经济基础和社会文化背景，蹴鞠在临淄颇为流行，而蹴鞠的兴盛也从另一方面充分佐证了临淄发达的经济和丰富的休闲娱乐生活。

受生产力发展水平和制作工艺的限制，战国时期的"鞠"大多是用一些动物毛发编结而成（图五），这一时期的蹴鞠主要流行于民间，除具有娱乐属性外，还在军事训练中有着独特的价值，如应用于民间武士的日常训练。受秦末汉初战争频发的影响，蹴鞠曾一度沉寂，西汉建立后，伴随生产生活的恢复发展而再度兴盛。此时造鞠已有规格标准，即在皮壳内"实以物"（装入毛发之类的实物），做成实心且轻软的鞠，这种制法一直沿用到唐代中期。

随着时间的推移，齐地的蹴鞠娱乐活动不断向周边地区传播，向西经河南传入陕西。蹴鞠一路传入京师所在地后，很快为上层社会所接受，并成为宫苑娱乐的重要组成部分，其盛行地也由临淄转移至长安。随着蹴鞠活动的普及，其军事训练价值逐渐淡化，而后又演变为与乐舞结合的"蹴鞠舞"，成为"乐舞百戏"的一种（图六）。

战国至汉代是中国历史上博戏娱乐大发展的时代，博戏在临淄也十分流行。山东省淄

---

[1]　〔西汉〕司马迁：《史记·齐悼惠王世家》，中华书局，2013 年，第 2422 页。

[2]　〔东汉〕班固：《汉书》，中华书局，2013 年，第 3070 页。

[3]　〔西汉〕司马迁：《史记·张仪列传》，中华书局，2013 年，第 2774 页。

图五　马圈湾烽燧遗址出土蹴鞠

此蹴鞠系为"毛丸"，内填丝绵，外用细麻绳和白绢搓成的绳捆扎成球形。

图六　临淄足球博物馆藏《乐舞蹴鞠》画像石

该画像石描绘的是室内的百戏蹴鞠景象。画面分两格，上格表现伴舞，右为两乐女抚琴、吹竽，琴女左边一女舒展长袖，翩翩起舞，身后一组伴舞者紧随登场。下格为梳高发髻的女子，足踢三鞠，技艺娴熟，同时挥舞着长袖飘带，舞姿潇洒。一男子跟随其后，另有三男子分别吹竽、抚琴、跪拜。

博市临淄区大武镇西汉齐王墓陪葬坑出土了两枚青铜骰，是一种用于投掷的博具。汉代博戏分大博、小博，玩法不一，名称也各异，大致可以分为两大类型，即投箸的博和投茕的博，这对铜骰子就属投茕一类[1]。铜骰分十八面，其中十六面刻有数字一至十六，另有一面刻"骄"字，投得"骄"，则把棋竖起来，称为"骄"棋或"枭"棋，是一种有利的棋步，与之相对的一面刻"妻畏"二字，表示不利的棋步[2]。双方轮流掷骰，根据掷采的大小，决定棋子前进的步数。除用作博戏外，投掷铜骰也是行酒令的一种方式。河北满城陵山二号墓（即中山靖王刘胜之后窦绾墓）出土有两套"宫中行乐钱"和一枚铜骰。铜骰通体错金银，共十八面，分别错出篆书或隶书一至十六，以及"酒来"和"骄"字。据发掘报告推测[3]，铜骰可能是和宫中行乐钱配合使用的一套行酒令玩物。

在周初至西汉的千余年间，临淄城作为大国之都，凭借其实力和区位优势，长期保持繁盛局面。作为曾经的齐国都城，临淄是本地区最富庶的城市之一，"齐带山海，膏壤千里，宜桑麻，人民多文彩布帛鱼盐。临菑（淄），亦海岱之间一都会也"[4]。其发展也极大地促进了海岱地区社会经济及文化的发展，"天下强国无过齐者，大臣父兄殷众富乐"[5]。

---

[1] 王振华主编：《以文说物》，齐鲁出版社，2018 年，第 120 页。

[2] 王振华主编：《以文说物》，齐鲁出版社，2018 年，第 121 页。

[3] 中国社会科学院考古研究所、河北省文物管理处：《满城汉墓发掘报告》，文物出版社，1980 年，第 273 页。

[4] 〔西汉〕司马迁：《史记·货殖列传》，中华书局，2013 年，第 3935 页。

[5] 〔西汉〕司马迁：《史记·张仪列传》，中华书局，2013 年，第 2774 页。

齐国故都

　　临淄地处泰山之北的鲁中平原腹地，"北被于海，膏壤二千里"，素有"七遍为京、八遍为城"之称。自姜太公建国，至秦灭齐国，临淄作为齐国都城长达八百余年。随后秦在此设临淄郡，两汉时期郡国并行，临淄为齐郡郡治，也是诸侯国齐国的都城。

铜鹰首壶

Bronze Pot with Eagle-head-shaped Mouth

战国（公元前 475—公元前 221 年）
高 48 厘米，口径 10 厘米，腹径 70 厘米
山东省淄博市临淄区尧王村南战国墓出土
齐文化博物馆

Warring States Period (475B.C. － 221B.C.)
Height:48cm, Mouth Diameter:10cm, Belly Diameter:70cm
Unearthed from the Warring States Period Tomb, South of Yaowang
Village, Linzi District, Zibo City, Shandong Province
Qi Heritage Museum

铜壶的盖及器口共同构成鹰首状，鹰喙开合自如，并以鹰的下喙为流，提梁也非常别致，整件器物造型生动，设计精巧。这件铜壶出土于尧王村一号战国墓。该墓还出土有鼎、豆、高足敦、方豆、壶、提梁壶、提梁罐、鬲、筐、敦、盘、匜等铜器，以及大量陶礼器。从墓葬规模、随葬物品、殉人数量等情况来看，应是一座战国早期的齐国大夫级别的贵族墓葬。

齐国作为周朝诸侯国之一，首封之君是姜太公。姜姓源自东夷，"鸟"是东夷的图腾。齐国建立后，鸟图腾崇拜作为风俗习惯、审美意识、文化标志体现在青铜器中、古建筑构件瓦当上，这件出土于贵族墓葬的鹰首壶，正是齐国鸟图腾崇拜的实物例证。

春秋战国时期，临淄作为齐国都城，历代在此多有高等建筑的兴修构建。因此，临淄齐国故城出土有大量的瓦当。齐国故城出土的瓦当纹饰大多是树木双兽、树木卷云等，构图简洁舒朗，图案多是马、狗、猴、虎等现实生活中能看到的动物形象，主题图案贴近生活。

陶树木双兽纹半瓦当

Pottery Half Eaves Tile with Pattern of Tree and Animal

战国（公元前 475—公元前 221 年）
长 16.5 厘米，高 8.5 厘米
山东省淄博市临淄区敬仲镇楮家村东淄河出土
齐文化博物馆
Warring States Period (475B.C. — 221B.C.)
Length:16.5cm, Height:8.5cm
Unearthed from the East Zi River, Chujia Village, Jingzhong
Town, Linzi District, Zibo City, Shandong Province
Qi Heritage Museum

灰陶，模制，半圆形，外有环状凸起于外廓，纹样为双兽面向一树站立。

列备五都——秦汉时期的中国都市

陶树木双兽双鸟纹半瓦当

Pottery Half Eaves Tile with Pattern of Tree, Animal and Bird

战国（公元前 475—公元前 221 年）
长 14.5 厘米，高 7.2 厘米
山东省淄博市临淄区齐都葛家村出土
齐文化博物馆
Warring States Period (475B.C. － 221B.C.)
Length:14.5cm, Height:7.2cm
Unearthed from the Qidu Gejia Village, Linzi District, Zibo City,
Shandong Province
Qi Heritage Museum

灰陶，模制，半圆形，外有环状凸起于外廓，当面上层为
两只飞鸟，下层为双兽面向一树站立。

陶龙纹半瓦当

Pottery Half Eaves Tile with Pattern of Dragon

战国（公元前 475—公元前 221 年）
长 15 厘米，高 7 厘米
山东省淄博市临淄齐故城出土
齐文化博物馆
Warring States Period (475B.C. — 221B.C.)
Length:15cm, Height:7cm
Unearthed from the Linzi Old City, Linzi District, Zibo City, Shandong Province
Qi Heritage Museum

灰陶，模制，半圆形，外有环状凸起于外廓，其上刻画一龙。

陶几何纹半瓦当

Pottery Half Eaves Tile with Pattern of Geometric

战国（公元前 475—公元前 221 年）
长 14.5 厘米，高 7.5 厘米
山东省淄博市临淄区齐都镇崔家庄出土
齐文化博物馆
Warring States Period (475B.C. － 221B.C.)
Length:14.5cm, Height:7.5cm
Unearthed from the Qidu Cuijia Village, Linzi District, Zibo City,
Shandong Province
Qi Heritage Museum

灰陶，模制，半圆形，外有环状凸起于外廓，其上刻
画圆形、三角形等几何图案。

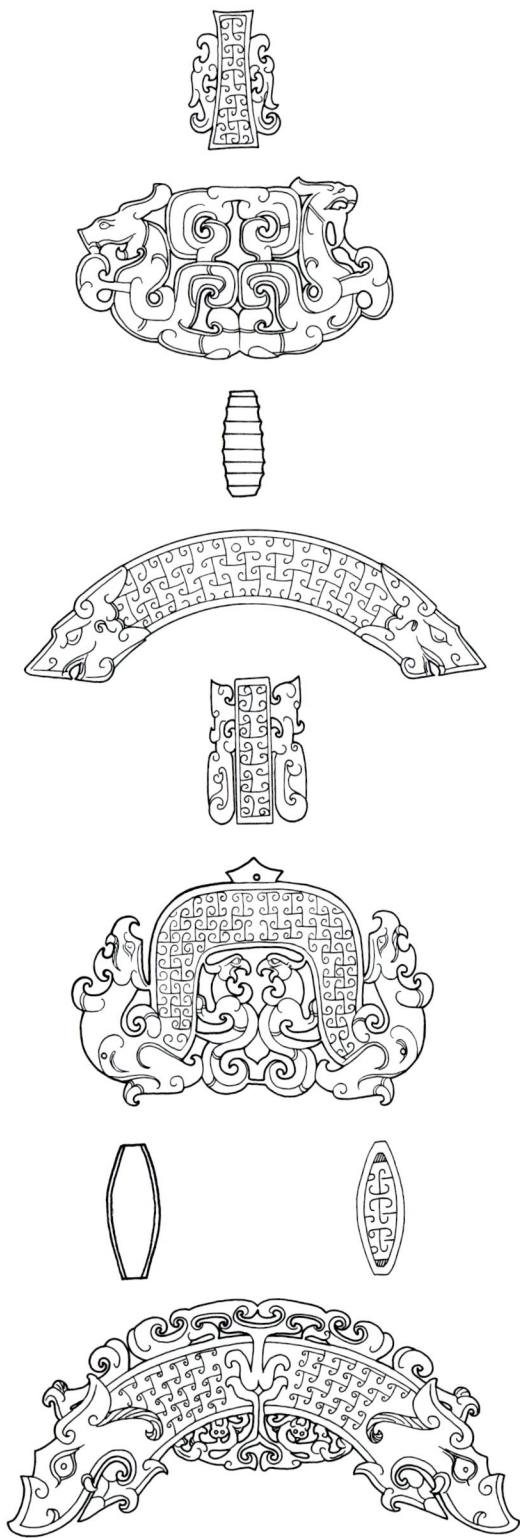

线描图（绘图：王滨）

组玉佩

A Group of Jade Ornaments

战国（公元前 475—公元前 221 年）

通高 3.5 厘米，通宽 2.4 厘米，厚 0.55 厘米

通高 4.3 厘米，通宽 7.9 厘米，厚 0.35 厘米

通高 3.35 厘米，厚 0.7 厘米

通长 11.1 厘米，宽 1.8 厘米，厚 0.3 厘米

通高 3.1 厘米，通宽 1.2 厘米，厚 0.7 厘米

通高 5.8 厘米，通宽 8.8 厘米，厚 0.4 厘米

长 2.5 厘米，宽 1 厘米

通长 3.1 厘米，通宽 1.2 厘米，厚 0.7 厘米

通长 12.5 厘米，宽 4 厘米，厚 0.3 厘米

山东省淄博市临淄区商王村战国晚期墓葬出土

淄博市博物馆

Warring States Period (475B.C. － 221B.C.)

Total Height:3.5cm, Total Width:2.4cm, Thickness:0.55cm

Total Height:4.3cm, Total Width:7.9cm, Thickness:0.35cm

Total Height:3.35cm, Thickness:0.7cm

Total Length:11.1cm, Width:1.8cm, Thickness:0.3cm

Total Length:3.1cm, Total Width:1.2cm, Thickness:0.7cm

Total Length:5.8cm, Total Width:8.8cm, Thickness:0.4cm

Length:2.5cm, Width:1cm

Total Length:3.1cm, Total Width:1.2cm, Thickness:0.7cm

Total Length:12.5cm, Width:4cm, Thickness:0.3cm

Unearthed from the Late Warring States Period Tomb, Shangwang Village,
Linzi District, Zibo City, Shandong Province

Zibo Museum

这套战国组玉佩由白玉云纹佩、透雕龙凤纹佩、白玉蛹形佩、双龙璜、双虎佩、透雕龙凤纹佩、黄玉舟形佩、卷云纹黄玉舟形佩、透雕双龙璜 9 个组件构成，方圆有度，比例协调。组玉佩起源较早，其最早的雏形可以追溯到新石器时期的玉串饰。战国时期，组玉佩通常玉质精良、雕琢精致、神韵十足。汉代以后，逐渐淡出历史舞台。

2007 年，临淄区齐鲁塑编厂生活区扩建施工时在山王庄村发现一座大型汉代兵马俑坑，山东省文物考古研究所和临淄区文物局联合组成考古队，进行了抢救性发掘。兵马俑坑南北长 15.45 米，东西宽 3.5 米，共出土兵马俑及各类器物 516 件（套）。俑坑内的陶楼房、车马、陶俑等制作精良，色彩艳丽，布局清晰，保存较好。陶阙、门房、楼房等组成一个完整的贵族庄园——前有阙楼、后有三进庭院的大型住宅，气势宏大，令人震撼。俑坑再现了西汉时期车马出行和大贵族庄园生活的盛景，这种综合性的兵马俑坑在国内属首次发现。按照汉制推测，俑坑的主人应具有较高的地位，可能是齐国王侯或年俸二千石以上的达官显贵。山王庄兵马俑坑的发现为研究西汉时期军事阵列、社会生活、丧葬习俗以及雕塑工艺等提供了宝贵资料。

陶骑马俑

Pottery Figurine Riding the Horse

西汉（公元前 202—公元 8 年）
长 62.2 厘米，高 59.7 厘米
山东省淄博市临淄区山王庄出土
齐文化博物馆
Western Han Dynasty (202B.C. － 8)
Length:62.2cm, Height:59.7cm
Unearthed from the Shanwang Village, Linzi District, Zibo City,
Shandong Province
Qi Heritage Museum

骑兵俑正面跨于马上，身略前倾，头戴风字盔，罩住头部至脖间，只露脸部。身着右衽宽袖长袍，带有护肩及帔膊，下穿宽裤，足蹬靴，面部表情肃穆。右手握拳下垂置大腿侧，拳心有一孔，原应持物，已失，左手握拳屈置胸前，似作控马状。马作直立式，体态壮健匀称，挺胸仰头，面向前方嘶鸣，颈部鬃毛短而齐，曲尾高翘，尾梢束小结，四肢修长有力。俑身彩绘均已脱落，只露原色，仅局部残留少许。

① ②

陶持盾立俑

Pottery Standing Figurine with a Shield

西汉（公元前 202—公元 8 年）

①俑高 29.8 厘米，宽 8.6 厘米；盾长 14.2 厘米，宽 8.7 厘米

②俑高 29.8 厘米，宽 8.6 厘米；盾长 14.6 厘米，宽 8.9 厘米

③俑高 29.8 厘米，宽 8.6 厘米；盾长 14.7 厘米，宽 8.9 厘米

④俑高 29.8 厘米，宽 8.6 厘米；盾长 14.2 厘米，宽 8.9 厘米

山东省淄博市临淄区山王庄出土

齐文化博物馆

Western Han Dynasty (202B.C. － 8)

① Figurine Height:29.8cm, Width:8.6cm； Shield Height:14.2cm, Width:8.7cm

② Figurine Height:29.8cm, Width:8.6cm； Shield Height:14.6cm, Width:8.9cm

③ Figurine Height:29.8cm, Width:8.6cm； Shield Height:14.7cm, Width:8.9cm

④ Figurine Height:29.8cm, Width:8.6cm； Shield Height:14.2cm, Width:8.9cm

Unearthed from the Shanwang Village, Linzi District, Zibo City, Shandong Province

Qi Heritage Museum

列备五都——秦汉时期的中国都市

③

④

陶俑头戴垂肩风帽盔,面容严肃,双足微分而立,身着带有护肩紧袖铠甲,甲衣上点缀着白色圆圈纹,内穿紧身至膝袍服,其双手相握屈肘置于胸前,下身着宽裤,足蹬战靴,盾牌紧靠身前放置,从形态看手应持有盾牌。盾施朱红彩,彩绘脱落较重,仅个别部位尚存。

①

②

③

陶羊

Pottery Sheep

西汉（公元前 202—公元 8 年）
①长 12.5 厘米，宽 7 厘米，高 9.5 厘米
②长 14 厘米，宽 7.5 厘米，高 10.6 厘米
③长 13 厘米，宽 7.2 厘米，高 9 厘米
山东省淄博市临淄区山王庄出土
齐文化博物馆
Western Han Dynasty (202B.C. — 8)
① Length:12.5cm, Width:7cm, Height:9.5cm
② Length:14cm, Width:7.5cm, Height:10.6cm
③ Length:13cm, Width:7.2cm, Height:9cm
Unearthed from the Shanwang Village, Linzi District,
Zibo City, Shandong Province
Qi Heritage Museum

①羊头侧仰，闭嘴立胸，重耳，头部棱角分明，肥躯短颈，前蹄跪屈向后，后蹄屈直前伸，均压于躯下。眼、嘴、耳等处勾朱彩，原色彩已脱落。

②仰头缩颈，闭嘴瞪眼，奓耳，无角，鼻骨高挺，四腿蜷曲于躯下，短尾，扭颈仰头似在等喂食的动态。躯施白、朱、褐等色，白为底色，褐色勾绘波浪式图案，眼、嘴勾朱线，耳涂朱色。形象逼真，身躯精巧。

③身躯玲珑瘦秀，垂耳，凸眉，抬头，作张望状。直颈藏尾，四腿静卧，躯施褐色，耳涂朱彩。色彩少量脱落。

115

陶猪倌

Pottery Swineherd

西汉（公元前 202—公元 8 年）
长 26 厘米，宽 10.5 厘米
山东省淄博市临淄区山王庄出土
齐文化博物馆
Western Han Dynasty (202B.C. － 8)
Length:26cm, Width:10.5cm
Unearthed from the Shanwang Village, Linzi District,
Zibo City, Shandong Province
Qi Heritage Museum

俑为站姿，身着紧袖右衽长袍，袍下摆盖住双
足。左手叉腰，右臂前伸。颧骨突出，鼻塌嘴
噘。头顶实心陶罐，口部有一勺。从形态看似
是猪倌。通身施白彩，脱落严重。

陶猪

Pottery Pig

西汉（公元前 202—公元 8 年）
长 13.5 厘米，高 5.8 厘米
山东省淄博市临淄区山王庄出土
齐文化博物馆
Western Han Dynasty (202B.C. — 8)
Length:13.5cm, Height:5.8cm
Unearthed from the Shanwang Village, Linzi District,
Zibo City, Shandong Province
Qi Heritage Museum

泥质实心，卧姿，捏制而成。抬头张望，嘴巴长而厚，耷耳遮眼，卷尾，身躯肥硕，前腿叠压，后腿蜷压于躯下。

陶猪圈

Pottery Pigsty

西汉（公元前 202—公元 8 年）
长 39 厘米，宽 22 厘米，高 5.7 厘米
山东省淄博市临淄区山王庄出土
齐文化博物馆
Western Han Dynasty (202B.C. — 8)
Length:39cm, Width:22cm, Height:5.7cm
Unearthed from the Shanwang Village, Linzi District,
Zibo City, Shandong Province
Qi Heritage Museum

陶猪圈平面呈不规则长方形框架，无底。前侧有凸出的方形器耳，中间有空心贯孔。或为给猪喂食的猪槽。

海内名都——临淄

117

陶牛

Pottery Ox

西汉（公元前 202—公元 8 年）
长 49.5 厘米，高 25.6 厘米
山东省淄博市临淄区山王庄出土
齐文化博物馆
Western Han Dynasty (202B.C. — 8)
Length:49.5cm, Height:25.6cm
Unearthed from the Shanwang Village, Linzi District,
Zibo City, Shandong Province
Qi Heritage Museum

泥质实心，用简练手法雕塑。身躯呈侧卧状，
形象逼真。犄角歪竖，曲而尖，面阔嘴厚，
双目平视，身躯雄健，四腿盘曲伏卧于地。
通身施白彩，基本脱落。

工商立国

---○---

　　汉代临淄手工业高度发达与西周姜太公首封齐国便确立的工商立国基本国策相关。齐国都城临淄城内发现的冶铁遗址不仅规模大、分布广，而且冶铁工业出现的时代早，延续时间长，从西周晚期一直延续到东汉时期。

铜汲酒器

Bronze Dipper

战国（公元前 475—公元前 221 年）

通高 65.2 厘米；柄外径 1.4 厘米，内径 0.8 厘米，底径 3.6 厘米；
球形器腹径 7.2 厘米

山东省淄博市临淄区商王村战国晚期墓葬出土

淄博市博物馆

Warring States Period (475B.C. － 221B.C.)

Total Height:65.2cm；Pole External Diameter:1.4cm, Inner Diameter:0.8cm,
Bottom Diameter:3.6cm；Spherator Belly Diameter:7.2cm

Unearthed from the Late Warring States Period Tomb, Shangwang Village,
Linzi District, Zibo City, Shandong Province

Zibo Museum

汲酒器上端为中空竹节形长柄，顶端为封闭的龙首衔环。竹节形长柄与荷蕾形器上下贯通，第一节竹节一侧有方孔，荷蕾形器底部正中有圆孔。将其竖直放入水中，荷蕾形器居下，柄部在上，水即顺荷蕾形器底的圆孔徐徐而入荷蕾形器内。当水进入时，空气则由竹节上端一侧的方孔排出。用拇指轻轻压住此方孔并向上提起，汲进之水毫无滴洒；松开拇指，水则缓缓流出。如此轻松自在，就能将水提取。古人正是利用了大气压强原理，通过荷蕾形器内水压和器外气压的共同作用，达到汲取或流出液体的效果，比 1654 年欧洲著名的马德堡半球实验早近两千年，是目前所知最早利用大气压强原理的实例。

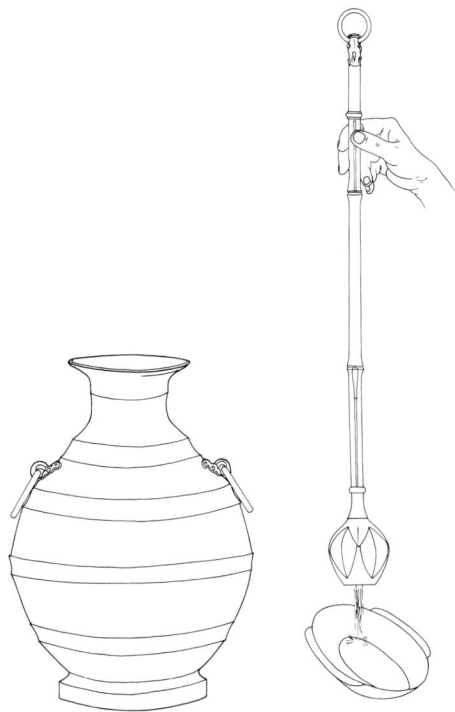

汲酒器使用示意图（绘图：王滨）

银耳杯

Silver Eared-cup

战国（公元前 475—公元前 221 年）
通宽 14 厘米，通高 5.2 厘米，口径 17.8 厘米
山东省淄博市临淄区商王村战国晚期墓葬出土
淄博市博物馆
Warring States Period (475B.C. － 221B.C.)
Total Width:14cm, Total Height:5.2cm, Mouth Diameter:17.8cm
Unearthed from the Late Warring States Period Tomb, Shangwang Village,
Linzi District, Zibo City, Shandong Province
Zibo Museum

耳杯整体呈椭圆形，口微敛，曲腹，平底，口沿处有一对新月形耳，耳部有一处纤细的铭文，笔画直而纤细，为铸成后以金属工具刻成，文为"四十一年工右□一斤六两六朱□"。

根据铭文可知，耳杯为"工右"所造，战国时"秦工室"有左、右之分，当时齐国并无"工右"，据此可知此器并非齐国所造。铭文体例、书体与秦器基本相同，且都以斤、两、朱为计量单位，此耳杯应是秦器。据其上"工右""四十一年"字样，可判定是公元前 266 年咸阳右工室所造。

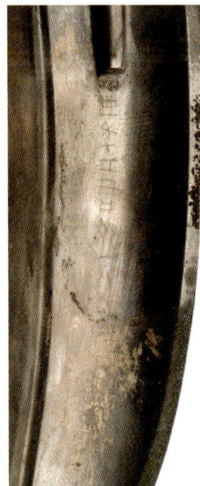

耳部刻铭

度量衡是社会经济发展到一定阶段出现的测量长度、容积、重量的器具。中国历代标准器上，有的刻有监制器物的官名或器物名称，有的刻有制作器物的工匠的名字、国别、住地，这些铭文是权威和信誉的保证。《左传》昭公三年记载："齐旧四量：豆、区、釜、钟。四升为豆，各自其四，以登于釜，釜则十钟。陈氏三量皆登一焉，钟乃大矣。"可见春秋晚期齐国量器有升、豆、区、釜、钟五种，并有新旧之别，新旧量器间的进位关系有所不同。

①

①

②

②

铜量器

Bronze Measuring Vessels

战国（公元前 475—公元前 221 年）
①长 24 厘米，高 9.5 厘米，口径 14 厘米
②长 14 厘米，高 6 厘米，口径 8.2 厘米
山东省淄博市临淄区梧台镇东齐村出土
齐文化博物馆
Warring States Period (475B.C. － 221B.C.)
① Length:24cm, Height:9.5cm, Mouth Diameter:14cm
② Length:14cm, Height:6cm, Mouth Diameter:8.2cm
Unearthed from the Dongqi Village, Wutai Town, Linzi District,
Zibo City, Shandong Province
Qi Heritage Museum

铜量为直口、平沿、直腹、平底。腹部有圆柱形长柄，柄右侧腹部带有凿刻铭文。铭文呈方形玺印状，界阑较窄并略有弯曲，排列较紧，字体纤细，各字间无田字格，文为"右里敀□"。"右里"应是行政区域单位，"敀"应是官府的代称，"□"是器的自铭。容积分别为 1024 毫升、204 毫升。战国时期齐国量器种类复杂，但实物目前发现较少，这两件铜量器的出土为研究齐国量制提供了重要的实物资料。

陶量器

Pottery Measuring Vessel

战国（公元前 475—公元前 221 年）
高 7.5 厘米，口径 7.5 厘米，底径 4.3 厘米
山东省淄博市临淄齐故城出土
齐文化博物馆
Warring States Period (475B.C. － 221B.C.)
Height:7.5cm, Mouth Diameter:7.5cm, Bottom Diameter:4.3cm
Unearthed from the Linzi Old City, Linzi District, Zibo City,
Shandong Province
Qi Heritage Museum

陶量为直口、平沿、弧腹、平底，腹右侧有弧形把手柄，
有陶文戳印，文为"王卒升"字样，容积约 210 毫升。
带有"王卒升"铭文的量器较为罕见。

西汉齐王墓陪葬坑位于山东省淄博市临淄区大武镇，封土原高 30 米，占地面积 24 亩。1978 年 11 月至 1980 年 11 月，为配合东风车站扩建工程，淄博市博物馆考古组对西汉齐王墓陪葬坑进行了勘探和发掘，共出土各类文物一万二千件。根据出土器物推测，该墓墓主应是西汉时期第二代齐王刘襄（公元前 188—前 179 年在位），为研究西汉时期埋葬制度提供了重要资料。

金鐏铜戈

Bronze *Ge*（Dagger-axe）with Gold *Zun*（Fitting）

西汉（公元前 202—公元 8 年）
鐏长 11.9 厘米，戈长 22.3 厘米
山东省淄博市临淄区大武镇西汉齐王墓陪葬坑出土
淄博市博物馆
Western Han Dynasty (202B.C. － 8)
Zun Length:11.9cm, *Ge* Length:22.3cm
Unearthed from the Funeral Pit Tomb of King Qi of the Western Han Dynasty, Linzi District, Zibo City, Shandong Province
Zibo Museum

大武镇西汉齐王墓陪葬坑共出土 2 件金鐏铜戈，此为其中之一。戈可刺、可钩、可砍，是我国秦汉之前最为常见的一种带柄兵器，使用此兵器的人古称"勾兵"。此戈云纹金，长胡三穿，微曲援。金鐏前端錾如杏仁状，鐏柄金光闪闪。戈顶饰一回首的鹦鹉，翎毛刻画细微精巧。"鹦鹉"与"英武"二字谐音，象征智慧吉祥、英明神武。鐏柄下端较细，饰四道凸棱纹和卷云纹，曲线婉转自如，戈刃寒气袭人。内上近胡处贯穿一筒形柄，以纯金铸成，制作非常精致。

鎏金铜熏炉

Gilted Bronze Censer

西汉（公元前 202—公元 8 年）

通高 15 厘米，口径 9 厘米，腹径 11.8 厘米，圈足径 6.8 厘米

山东省淄博市临淄区大武镇西汉齐王墓陪葬坑出土

淄博市博物馆

Western Han Dynasty（202B.C. — 8）

Total Height:15 cm，Mouth Diameter:9cm，Belly Diameter:11.8cm，
Diameter of the Ring Foot:6.8cm

Unearthed from the Funeral Pit Tomb of King Qi of the Western Han
Dynasty，Linzi District，Zibo City，Shandong Province

Zibo Museum

器身多处錾刻铭文，内容有"左重三斤六两""今三斤十一
两""今二斤三两"等。

圈足刻铭
"今二斤三两"

下腹部刻铭
"左重三斤六两"
"今三斤十一两"

鎏金铜熏炉

Gilted Bronze Censer

西汉（公元前202—公元8年）
高14.3厘米，口径9.7厘米
山东省淄博市临淄区大武镇西汉齐王墓陪葬坑出土
齐文化博物馆
Western Han Dynasty (202B.C. － 8)
Height:14.3cm, Mouth Diameter:9.7cm
Unearthed from the Funeral Pit Tomb of King Qi of the Western Han
Dynasty, Linzi District, Zibo City, Shandong Province
Qi Heritage Museum

下腹部錾刻有铭文，内容模糊不辨。

山东省淄博市临淄区大武镇西汉齐王墓陪葬坑同出土熏炉两件，大小相近，形
制相同，通体鎏金。弧形盖，顶饰一环钮，周围透雕盘龙两条，首尾衔接，龙
身卷曲盘绕。子母口，曲腹，腹部微凸起一周带纹，饰一对铺首衔环。柄形座，
中部略凸，底呈圈足状。整体造型圆润典雅，镂雕纹样生动，铸作工艺精美，
属同类器中的上乘佳作。

熏炉也称熏笼，是一种带香炉，炉内焚香，香烟和香气透过盖上镂孔外溢，实
现驱逐异味、美化环境乃至治病养生的目的。香熏始于何时，学界对此尚存争议，
有学者认为人文始祖轩辕黄帝即已开始焚香。汉初，随着对外交流的加强，南
海地区的龙脑香、苏合香等罕见外来香料传入中土，大幅开拓了香源和香料种类，
焚香崇香之风也逐渐在社会各个阶层推广、流行。

山东省淄博市临淄区西汉齐王墓陪葬坑出土银器多与饮食有关，铭文多次出现"大官""南""右般""木（一说为朱）"等字样。据《汉书·百官公卿表》记载，大官（太官）是少府属官，主管宫廷膳食。西汉初年，诸侯国均与京师同制，也设大官。"南""北"指齐国两处宫室"南宫"和"北宫"，代指器物使用的地方。"右般"简称"般"，一说为侑王宴乐的官职，也有学者认为是太官的属吏。另一字是"木"或"朱"目前尚无定论，有学者认为是"木"，指工师或工匠名；也有学者认为应是"朱"，通"厨"，系自战国古文沿袭而来，指所用食器或厨官。

银豆

Silver *Dou*

西汉（公元前 202—公元 8 年）
高 10.9 厘米，口径 11.3 厘米
山东省淄博市临淄区大武镇西汉齐王墓陪葬坑出土
齐文化博物馆
Western Han Dynasty (202B.C. － 8)
Height:10.9cm, Mouth Diameter:11.3cm
Unearthed from the Funeral Pit Tomb of King Qi of the Western
Han Dynasty, Linzi District, Zibo City, Shandong Province
Qi Heritage Museum

银豆展开图

盖内壁刻铭"南木（朱）"

平盖微弧，盖上饰有三个铜兽钮，盖缘及腹部饰外凸的花瓣形纹。盖内壁刻"南木"铭文，"南"释读为"齐大官南宫"的简称，"木"则释作工师或工匠名；另一说认为是"南朱（厨）"，指齐国南宫所用食器或南宫厨官。豆盘浅腹内收，小平底，下接铜制矮圈足。器身及盖面均锤揲两圈尖瓣形凸泡饰，尖端相对，交错排列，简洁大方。银盒器身盒盖重瓣莲纹的装饰，是西方波斯国家（今伊朗南部埃兰地区）器物的典型风格，盒盖上的三个兽钮和器身下的圈足可能是传入后由本地工匠配制。这件中西合璧的器物，也是丝绸之路上中西文化交流的最早见证之一。

银盘

Silver Plate

西汉（公元前 202—公元 8 年）
高 3.6 厘米，口径 23.9 厘米
山东省淄博市临淄区大武镇西汉齐王墓陪葬坑出土
淄博市博物馆
Western Han Dynasty (202B.C. － 8)
Height:3.6cm, Mouth Diameter:23.9cm
Unearthed from the Funeral Pit Tomb of King Qi of the Western
Han Dynasty, Linzi District, Zibo City, Shandong Province
Zibo Museum

直口，平折沿，折腹，外底微凹。口沿饰波折纹和花
叶纹，外腹部饰几何形云纹，内底部饰三组流畅飘逸
的云龙纹，纹饰鎏金。有两处铭文，"左工一斤一两
工"刻于外腹，"南般木（朱）容五升"刻于盘底。

银盘纹饰线描图（绘图：王滨）

银盘外腹刻铭
"左工一斤一两工"

银盘

Silver Plate

西汉（公元前 202—公元 8 年）
高 4 厘米，口径 24 厘米
山东省淄博市临淄区大武镇西汉齐王墓陪葬坑出土
齐文化博物馆
Western Han Dynasty (202B.C. — 8)
Height:4cm, Mouth Diameter:24cm
Unearthed from the Funeral Pit Tomb of King Qi of the Western
Han Dynasty, Linzi District, Zibo City, Shandong Province
Qi Heritage Museum

直口，平折沿，折腹，外底微凹。口沿饰波折纹和花
叶纹，外腹部饰几何形云纹，内底部饰三条流畅飘逸
的云龙纹，纹饰鎏金。盘身多处刻铭，"左工一斤六
两工"刻于外腹，"容五升大官南右般木（朱）"刻
在盘底，其余文字已模糊不辨。

外腹刻铭
"左工一斤六两工"

盘底刻铭
"容五升大官南右殷木（朱）"

两件银盘的两处铭文均为两次刻成。外腹的"左工一斤六两工"和"左工一斤一两工"应是先刻的。因齐国并未设立"左工"，据此可推断，这两件银盘并非齐国本地制造，应是流传到齐国的。西汉中期以前，齐国为东方重要王国，与汉王朝关系比较密切，皇室将重器赐予齐国是常有的事，这两件银盘就是齐国接受赏赐的例证。底部的铭文应为流传到齐国后所刻。

鎏金银杯耳饰

Gilted Silver Ornaments of the Cup Handles

西汉（公元前 202—公元 8 年）

通长 13.1 厘米，宽 2 厘米

山东省淄博市临淄区大武镇西汉齐王墓陪葬坑出土

淄博市博物馆

Western Han Dynasty (202B.C. — 8)

Total Length:13.1cm, Width:2cm

Unearthed from the Funeral Pit Tomb of King Qi of the Western

Han Dynasty, Linzi District, Zibo City, Shandong Province

Zibo Museum

银质，鎏金，为银耳杯的装饰物。

骆驼纹鎏金铜节约

Gilted Bronze Harness Planed *Jieyue*（Fitting of Chariot）with Pattern of Camel

西汉（公元前 202—公元 8 年）
高 3 厘米，直径 3.2 厘米
山东省淄博市临淄区大武镇西汉齐王墓陪葬坑出土
淄博市博物馆
Western Han Dynasty (202B.C. － 8)
Height:3cm, Diameter:3.2cm
Unearthed from the Funeral Pit Tomb of King Qi of the Western Han Dynasty,
Linzi District, Zibo City, Shandong Province
Zibo Museum

节约是一种主要用于马笼头上的组件，与管络饰串在一起，装饰马首。整体作立体圆雕状，球面饰半浮雕仰首状骆驼图案，通体鎏金，背面有四个环形钮组成方形，可供皮条纵横穿插，起到节制、约束、固定皮条的作用。

铜泡

Bronze Blister

西汉（公元前 202—公元 8 年）
长 2.3 厘米，宽 1.5 厘米，厚 1 厘米
山东省淄博市临淄区大武镇西汉齐王墓陪葬坑出土
淄博市博物馆
Western Han Dynasty (202B.C. － 8)
Length:2.3cm, Width:1.5cm, Thickness:1cm
Unearthed from the Funeral Pit Tomb of King Qi of the Western
Han Dynasty, Linzi District, Zibo City, Shandong Province
Zibo Museum

车马器络头上的装饰物，常用于额带、颊带、咽带、
马胸带上。马首及胸前缀满铜泡及各种装饰，以示
华美、壮观、威武，也显示墓主人的身份。

铸镜之都

铜镜出现以前古人多使用盛水的盆来照形映影，随着合金技术的出现和发展，铜锡合金制作的铜镜成为人们最常用的照影用具。得益于丰富的矿产资源，自战国起临淄的铸造业即领先全国，是当时山东及北方地区一处重要的铸镜中心。及至汉代，临淄更是凭借纯熟的技术和精湛的技艺成为享誉全国的制镜中心。

列备五都——秦汉时期的中国都市

错金银嵌绿松石铜镜

Bronze Mirror Inlaid with Gold, Silver and Turquoises

战国（公元前 475—公元前 221 年）
直径 29.8 厘米，厚 0.7 厘米
山东省淄博市齐故城南商王庄出土
山东博物馆
Warring States Period (475B.C. — 221B.C.)
Diameter:29.8cm, Thickness:0.7cm
Unearthed from Shangwang Village, Linzi District,
Zibo City, Shandong Province
Shandong Museum

圆形，正面平整作镜面用。背面三个环钮呈鼎足之势，装饰四组云纹，构图四等分，在云纹上嵌金丝、地镶绿松石，还嵌有银质乳钉九枚。此镜因金丝、绿松石、银乳钉和青铜本色的交相辉映，显得华丽无比，是战国青铜器的代表之作。其上使用的绿松石镶嵌技术、错金银技术等也代表了那个时代手工业技术的巅峰水平。

四龙纹铜镜

Bronze Mirror with Pattern of Four Dragons

战国（公元前 475—公元前 221 年）
直径 9.2 厘米
山东省淄博市临淄区石鼓画苑出土
齐文化博物馆
Warring States Period (475B.C. － 221B.C.)
Diameter:9.2cm
Unearthed from the Shigu Painting Garden, Linzi
District, Zibo City, Shandong Province
Qi Heritage Museum

三弦钮，背面有四个乳钉，主体纹饰为四条
龙纹，均作"S"形身躯、张口回首。

四 "山"字纹铜镜

Bronze Mirror with Pattern of "山"

战国（公元前 475—公元前 221 年）

直径 9.5 厘米

山东省淄博市临淄区临淄五中出土

齐文化博物馆

Warring States Period (475B.C. － 221B.C.)

Diameter:9.5cm

Unearthed from the the No.5 Middle School, Linzi District,

Zibo City, Shandong Province

Qi Heritage Museum

三弦钮，方钮座，座外为宽凹面方格带。方格带外
四角向外伸出四组桃形花叶，每组两叶，上下排列，
分别将四山隔开。主纹为四"山"字纹，"山"字左
旋，底边与钮座四边平行相对。

彩绘铜镜

Painted Bronze Mirror

秦汉（公元前 221—公元 220 年）

直径 12.6 厘米

山东省淄博市临淄区闻韶街道太公苑生活区出土

齐文化博物馆

Qin and Han Dynasties (221B.C. − 220)

Diameter:12.6cm

Unearthed from the Taigongyuan Living Area, Wenshao
Street, Linzi District, Zibo City, Shandong Province

Qi Heritage Museum

桥形钮，镜面平整。背面绘制朱红纹饰，一周朱红色
圈带将纹饰分为内、外两区。内区镜钮两侧各有一只
凤鸟，外轮廓均用朱红色勾勒，凤首抵近镜钮，右旋
回首，圆目，喙下部连接一个近似逗号形的粗蒂圆果。
凤鸟颈部及上身弯曲回旋，仅绘左翼，前缘呈扁圆状，
后翼近似弯月形，上侧并有弯形凸起。尾部较长，末
端分为双尾，双尾之间涂弧形朱红彩。凤鸟身上羽毛
装饰脱落，模糊不清。外区由两周朱红色单线圈构成，
内用朱红色单线绘制"之"字形几何纹，组成由内圈
向外辐射的五角星纹，五角星的内角处及折线外侧中
间均用红色涂绘弯月形云纹。镜缘涂一周宽带朱红彩。

141

彩绘铜镜

Painted Bronze Mirror

秦汉（公元前 221—公元 220 年 ）

直径 11.9 厘米

山东省淄博市临淄区闻韶街道太公苑生活区出土

齐文化博物馆

Qin and Han Dynasties (221B.C. — 220)

Diameter:11.9cm

Unearthed from the Taigongyuan Living Area, Wenshao Street, Linzi District, Zibo City, Shandong Province

Qi Heritage Museum

三弦钮，钮衔圆环，镜体略厚，镜背平整，绘制朱红、白色和淡蓝色彩绘图案。主纹为盘龙纹，镜钮与边框之间装饰四组龙纹，龙纹大体相同，用朱红色和白色绘制，龙首用朱红色描绘，长吻张口，圆目，双耳，头上有独角，吻部与淡蓝色卷云纹相连。龙身外轮廓用朱红色线条勾勒，身躯呈盘曲涡旋状，由外角向内朝镜钮处盘曲，又向外回旋，龙尾由身下回旋至龙首下方，整条龙纹盘旋卷曲，呈"8"字形。龙身上布满白色鳞纹，鳞纹由近似蝌蚪状鳞片和圆点组成，鳞片形态比较形象。四条卷曲的龙躯内各有一个基本对称的朱红色圆圈形图案，圈内四面分布四个"T"形图案，围绕中间小圆环，均用白色描绘。圈外与龙身之间用朱红色涂绘近似伞形图案。镜钮上下分别用朱红色涂成两个近似蝙蝠形图象，尖部朝外，与从边框内伸的朱红色圭首形图案尖部相对。蝙蝠首部左右两侧伸出两条与龙身相向外卷的淡蓝色云纹，与圭首形图案两侧相对外卷的朱红色云纹相背。圭首形图案两侧相对外卷的云纹外侧勾连白色花草纹。镜钮两侧上下龙纹之间用朱红色和白色装饰牛角状纹饰，两尖角相对内卷，下端为朱红色半月形云纹。镜钮外由朱红色复线描绘的左右宽、上下窄的不规则方框，复线间填涂淡蓝色斜线纹，方框叠压在龙纹之上。镜缘内侧的边框内由朱红色复线和白色单线组成连续性菱形纹，朱红色复线内填涂淡蓝色，折角处用朱红色描绘组合成近似弧角菱形图案以及白色勾连云纹。镜缘涂一周朱红彩。

龙纹铜镜

Bronze Mirror with Dragon Patterns

秦汉（公元前 221—公元 220 年 ）
长 13.2 厘米
山东省淄博市临淄区稷下街道棕榈生活区出土
齐文化博物馆

Qin and Han Dynasties (221B.C. － 220)
Length:13.2cm
Unearthed from the Palm Living Area, Jixia Street, Linzi District, Zibo City,
Shandong Province
Qi Heritage Museum

桥形钮，圆钮座，座外饰四柿蒂纹，柿蒂尖与龙身衔接。主纹由透雕的八条龙组成，四圆圈将八条龙分隔为四组，每组两龙，一龙首位于近角处，口含镜缘，另一龙首与圆圈相衔接，身躯呈扁圆形，相互缠绕，尖尾内卷，呈圆环状。宽平缘，四角各有一圆涡纹。镜面平整光洁，略小于镜背，恰好嵌入镜背凸起的边缘内，铆合为一体。

矩形铜镜

Rectangular Bronze Mirror

西汉（公元前 202—公元 8 年）
长 115.1 厘米，宽 57.7 厘米，厚 1.2 厘米
山东省淄博市临淄区大武镇西汉齐王墓陪葬坑出土
淄博市博物馆
Western Han Dynasty (202B.C. — 8)
Length:115.1cm, Width:57.7cm, Thickness:1.2cm
Unearthed from the Funeral Pit Tomb of King Qi of the Western
Han Dynasty, Linzi District, Zibo City, Shandong Province
Zibo Museum

镜呈竖长方形，背面主体浮雕龙纹，线条刚劲流畅，
栩栩如生。中心和四角各有一个柿蒂纹座的拱形三弦
钮。由于铜镜体量巨大，使用时可能需要用柱子和底
座加以支撑，因此镜背面的钮可能是为了与柱子和底
座固定而铸。通过对铜镜形体、装饰、制作工艺的分析，
推测该铜镜是西汉初齐王国制造的齐王室用器。

临淄地区的铸镜手工业大致开始于春秋时期。至汉代成为我国著名的铜镜铸造中心。迄今为止，临淄地区发现多处铸镜遗址，出土汉代镜范 100 余件，其镜背装饰的主体花纹类型常见蟠螭纹、四乳弦纹、四乳龙纹、博局草叶纹、四乳草叶纹等。

蟠螭纹镜背范

Mold of the Back of Mirror with Pattern of Interlaced-hydra

汉代（公元前 202—公元 220 年）
残长 16.3 厘米，残宽 7.5 厘米，厚 4.4 厘米
山东省淄博市临淄区齐都镇阚家寨出土
齐文化博物馆
Han Dynasty (202B.C. — 220)
Imperfect Length:16.3cm, Imperfect Width:7.5cm, Thickness:4.4cm
Unearthed from Kanjiazhai, Qidu Town, Linzi District, Zibo City, Shandong Province
Qi Heritage Museum
此镜背范呈青灰色，体轻。其铸件镜缘内侧有一周弦纹，主纹区为稀疏的涡卷形地纹上饰蟠螭纹，有四乳钉凸起，蟠螭纹简单且图案化，大致分为四组并环绕乳钉布列。

草叶纹镜背范

Mold of the Back of Mirror with Pattern of Grass

汉代（公元前 202—公元 220 年）
残长 20.7 厘米，残宽 14.8 厘米，厚 6.55 厘米
山东省淄博市临淄区齐都镇苏家庙西出土
齐文化博物馆

Han Dynasty (202B.C. — 220)
Imperfect Length:20.7cm, Imperfect Width:14.8cm,
Thickness:6.55cm
Unearthed from West Sujia Temple, Qidu Town, Linzi
District, Zibo City, Shandong Province
Qi Heritage Museum

此镜背范呈青灰色，浇口部位呈灰黑色，表面光
滑。外缘饰内向连弧纹，主纹饰为桃形花苞、四
乳钉、单层草叶纹和双瓣枝叶纹。半球状钮，钮
座四周有一单线方框，外侧有铭文"见日之光，
天下大明"，属西汉时期常见的镜铭吉语。

草叶纹镜背范

Mold of the Back of Mirror with Pattern of Grass

汉代（公元前 202—公元 220 年）

残长 18.6 厘米，残宽 16.1 厘米，厚 4.8 厘米

山东省淄博市临淄区齐都镇刘家寨出土

齐文化博物馆

Han Dynasty (202B.C. — 220)

Imperfect Length:18.6cm, Imperfect Width:16.1cm, Thickness:4.8cm

Unearthed from Liujiazhai, Qidu Town, Linzi District, Zibo City,

Shandong Province

Qi Heritage Museum

此镜背范呈青灰色。铭文方格框四外角饰射线枝叶，四内
角装饰桃形花苞。方格框四边外侧居中饰乳钉和枝叶花苞、
两侧饰单层草叶纹，方格框内每边有二字铭文。

民好嬉乐

———————————○———————————

　　战国至西汉时期的临淄城经济繁荣，为文化娱乐活动的发展提供了肥沃的土壤，《战国策·齐策》载，当时临淄"其民无不吹竽、鼓瑟、弹琴、击筑、斗鸡、走狗、六博、蹴鞠者"。

铜瑟轸钥

Bronze Tuner for *Se*（String Instrument）

战国（公元前 475—公元前 221 年）
通高 13.3 厘米，通宽 4.5 厘米，底长 1.5 厘米
山东省淄博市临淄区商王村战国晚期墓葬出土
淄博市博物馆
Warring States Period (475B.C. — 221B.C.)
Total Height:13.3cm, Total Width:4.5cm, Bottom Length:1.5cm
Unearthed from the Late Warring States Period Tomb, Shangwang
Village, Linzi District, Zibo City, Shandong Province
Zibo Museum

铜质，瑟的调弦用具。

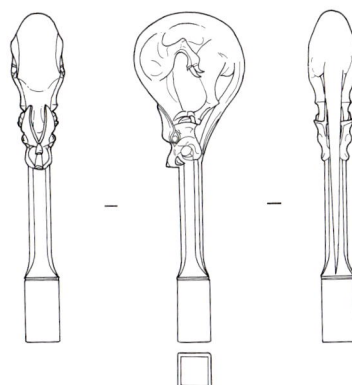

线描图（绘图：王滨）

陶俑

Pottery Figurines

战国（公元前 475—公元前 221 年）

长 5.2—10.9 厘米，宽 3.6—11.3 厘米，高 5.8—8.5 厘米

山东省淄博市临淄区赵家徐姚二号战国墓出土

齐文化博物馆

Warring States Period (475B.C. — 221B.C.)

Length:5.2 — 10.9cm, Width:3.6 — 11.3cm, Height:5.8 — 8.5cm

Unearthed from the Warring States Tomb No.2, Zhaojia Xuyao Village,

Linzi District, Zibo City, Shandong Province

Qi Heritage Museum

赵家徐姚二号战国墓共出土彩绘陶俑57件，包括人物33件、马7件、鸭子9件。根据出土情况，对这些陶俑的摆放位置进行复原，可分7组，其中一组较为特别：两件着黑色长裙的人俑袖手相对而坐，一男一女似为墓主人，旁侧各有一位袖手站立的女俑，应为侍女。舞蹈俑处于中间位置，分布均匀，交错站立，面向一致，双臂侧伸作表演状。这批陶俑组合有序，造型优美，一定程度上反映了墓主人的生活习惯及社会地位。此外，这些陶俑制作手法简约、服饰色彩艳丽，为研究战国时期的齐国捏塑艺术及服饰文化提供了依据。

① ② ③

鎏金铜编钟

Gilted Bronze Bells

汉代（公元前 202—公元 220 年）
①高 6.6 厘米，钮高 2.1 厘米
②高 7.3 厘米，钮高 2.1 厘米
③高 8.4 厘米，钮高 2.3 厘米
④高 8.8 厘米，钮高 2.4 厘米
⑤高 8.9 厘米，钮高 2.3 厘米
⑥高 9.1 厘米，钮高 2.3 厘米
山东省淄博市临淄区齐陵街道梁家终村稷山汉墓出土
齐文化博物馆

Han Dynasty (202B.C. — 220)
① Height:6.6cm, Knob Height:2.1cm
② Height:7.3cm, Knob Height:2.1cm
③ Height:8.4cm, Knob Height:2.3cm
④ Height:8.8cm, Knob Height:2.4cm
⑤ Height:8.9cm, Knob Height:2.3cm
⑥ Height:9.1cm, Knob Height:2.3cm
Unearthed from the Liangjiazhong Village, Qiling
Street, Linzi District, Zibo City, Shandong Province
Qi Heritage Museum

④

⑤

⑥

淄博市临淄区稷山西汉洞石墓中共出有14件编钟，个体很小，均为明器，其中甬钟5件，钮钟9件。青州市博物馆藏2件（甬钟1件，钮钟1件），临淄齐文化博物馆藏12件（其中甬钟4件，钮钟8件）。此为其中6件钮钟，形制、纹饰相同，大小相次，均为长方形钮，腔体饰乳钉及几何形波曲纹，钲部铸符号，通体鎏金。秦汉时期，铜器在整个手工业中所占的比重逐渐下降，此前用来尊神敬祖的礼器逐渐式微，其表面神圣、精致、繁缛的纹饰逐渐消失，装饰风格向简单化、图案化方向发展，一些器物表面引入了鎏金装饰。

铜骰子

Bronze Dice

西汉（公元前 202—公元 8 年）

直径 5.6 厘米

山东省淄博市临淄区大武镇西汉齐王墓陪葬坑出土

淄博市博物馆

Western Han Dynasty (202B.C. — 8)

Diameter:5.6cm

Unearthed from the Funeral Pit Tomb of King Qi of the Western
Han Dynasty, Linzi District, Zibo City, Shandong Province

Zibo Museum

骰子（tóu zi），又叫色子（shǎi zi）。山东省淄博市
临淄区大武西汉齐王墓陪葬坑共出有骰子两枚，形式
大小相似，直径约 4.9 厘米，圆形、空心、内有小铜
块；共十八个面，其间镂八个三叉形孔；球面错银，
在十八个面上分别铸刻"一"至"十六"以及"骄"
和"妻畏"，是一种用来投掷的博具。

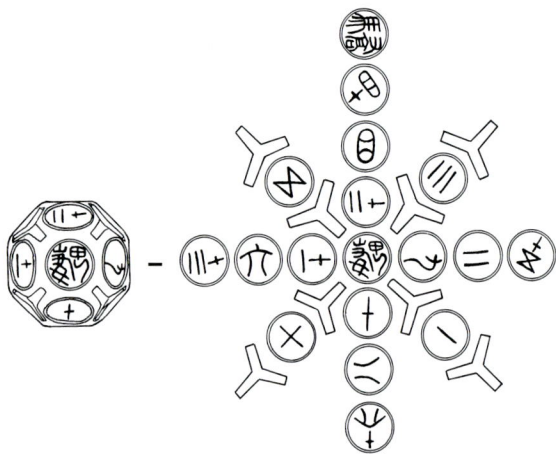

线描图（绘图：王滨）

临淄地区汉墓出土的陶俑是生动呈现汉代临淄日常生活的随葬品。陶俑表面所施绿釉为低温铅釉，以铜为主要着色剂，以铅的化合物为助溶剂，在 700 摄氏度左右的火焰中烧制而成，从而呈现出翠绿色。从各地墓葬出土的陶俑品种和数量可知，以陶俑代替人殉葬的风气在秦汉时期颇为盛行。

绿釉陶庖厨俑

Green Glazed Pottery Chef Figurine

汉代（公元前 202—公元 220 年）
高 30 厘米，宽 15 厘米
山东省聊城市高唐县东涸河村出土
山东博物馆
Han Dynasty (202B.C. — 220)
Height:30cm, Width:15cm
Unearthed from the Dongguhe Village, Gaotang
County, Liaocheng City, Shandong Province
Shandong Museum
庖厨俑头戴高冠，身穿小立领、斜襟、
右衽长袍，高挽衣袖，面带微笑，前置
一案，正忙于切割。

陶俑

Pottery Figurines

秦汉（公元前 221—公元 220 年）

① 陶狗：底长 8 厘米，底宽 4 厘米，高 17 厘米

② 坐俑：底长 6.5 厘米，底宽 5 厘米，高 14 厘米

③ 坐俑：底长 6.5 厘米，底宽 5 厘米，高 14 厘米

④ 陶盆：高 3.5 厘米，口径 7 厘米

⑤ 陶盆：高 3 厘米，口径 7 厘米

⑥ 陶案：长 10 厘米，宽 5.5 厘米，高 4 厘米

⑦ 立俑：底长 11 厘米，底宽 4.8 厘米，高 20 厘米

⑧ 立俑：底长 10.5 厘米，底宽 4 厘米，高 20 厘米

⑨ 陶盘：长 16 厘米，宽 11.5 厘米，高 4 厘米

⑩ 陶鸭：长 15 厘米，宽 7 厘米，高 6 厘米

⑪ 陶鸡：长 7 厘米，宽 4 厘米，高 5 厘米

⑫ 陶鸡：长 8 厘米，宽 4 厘米，高 5.5 厘米

⑬ 陶井：底长 13 厘米，底宽 13 厘米，高 4 厘米

山东省淄博市临淄齐故城出土

齐文化博物馆

Qin and Han Dynasties (221B.C. － 220)

① Pottery Dog:Bottom Length:8cm, Bottom Width:4cm, Height:17cm

② Pottery Sitting Figurine:Bottom Length:6.5cm, Bottom Width:5cm, Height:14cm

③ Pottery Sitting Figurine:Bottom Length:6.5cm, Bottom Width:5cm, Height:14cm

④ Pottery Basin:Height:3.5cm, Mouth Diameter:7cm

⑤ Pottery Basin:Height:3cm, Mouth Diameter:7cm

⑥ Pottery Kneading Board:Length:10cm, Width:5.5cm, Height:4cm

⑦ Pottery Standing Figurine:Bottom Length:11cm, Bottom Width:4.8cm, Height:20cm

⑧ Pottery Standing Figurine:Bottom Length:10.5cm, Bottom Width:4cm, Height:20cm

⑨ Pottery Dish:Length:16cm, Width:11.5cm, Height:4cm

⑩ Pottery Duck:Length:15cm, Width:7cm, Height:6cm

⑪ Pottery Chicken:Length:7cm, Width:4cm, Height:5cm

⑫ Pottery Chicken:Length:8cm, Width:4cm, Height:5.5cm

⑬ Pottery Well:Bottom Length:13cm, Bottom Width:13cm, Height:4cm

Unearthed from the Linzi Old City, Linzi District, Zibo City, Shandong Province

Qi Heritage Museum

⑩

⑫

⑪

⑬

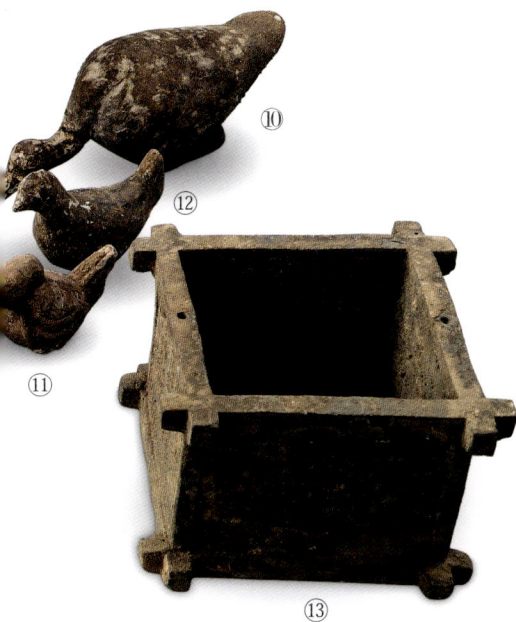

①陶狗：泥质，蹲姿，后腿弯曲蹲地，尾巴曲翘，腰身直立，前腿绷紧直立着地，脖颈上挺，头高扬，耳竖目圆，身存白彩及少量朱红彩，塑造了狗站立门边忠于职守的形态，神态传神。

②坐俑：陶俑低首、弓腰，双膝跪地，身躯略右倾，发髻梳于颈后。身着右衽无肩紧袖长袍，长袍遮盖下身。左臂前伸，手掌伸展。右臂上举置于胸前，右手握拳，拳心有孔。脸部及袍服残留白彩。

③坐俑：俑呈踞坐姿，面庞圆满，五官端正，身着右衽无肩宽袖长袍，双膝着地，双臂屈肘前伸，右手持物，左手已失。脸部及袍服残留白彩及朱红彩。

④⑤陶盆：深腹盆。泥质，手制，侈口，平沿，方唇，直腹，平底。

⑥陶案：泥质，手制，制作粗糙，长方形，平面实心，中部略凹陷，底部有四个矮柱状平足，平面及侧面施有白色及朱红色彩绘，现已脱落。

⑦立俑：女俑，垂髻。身着两重衣，外罩博袖曳地长袍。袍服施白彩及朱红彩，彩绘脱落严重。双臂屈肘置于胸前，双手已失，仅双腕处留有圆孔。欠身站立，有着恭顺的汉代侍女之形象。

⑧立俑：女俑呈立姿，垂髻。身穿两重衣，外罩博袖曳地长袍，长袍腰部束细，下摆宽大，形成喇叭裙盖住双足。容面圆润，柳眉杏眼，彩绘脱落只余白底色及少量朱红彩。

⑨陶盘：泥质，手制，长方形，敞口，浅腹，平底，底有四足，内施朱彩。

⑩陶鸭：泥质，小头肥身，头颈前伸，呈进食状，体态丰满，身施白彩，原彩绘脱落严重。

⑪⑫陶鸡：泥质，整身由整块泥土连成一体制作而成，小鸡造型简洁概括，小巧玲珑，妙趣自成，活灵活现。原彩绘基本脱落。

⑬陶井：泥质实心，井架正方形，平面呈"井"字形栏，手制。薄壁空心，平面壁中间有对称两孔。

绿釉陶鸡

Green Glazed Pottery Cock

汉代（公元前 202—公元 220 年）
高 29.5 厘米，宽 30 厘米
山东省聊城市高唐县东涧河村出土
山东博物馆
Han Dynasty (202B.C. — 220)
Height:29.5cm, Width:30cm
Unearthed from the Donghehe Village, Gaotang
County, Liaocheng City, Shandong Province
Shandong Museum

红陶质，通体施绿釉，一体制作而成。
陶鸡昂首挺胸，活灵活现。

绿釉陶狗

Green Glazed Pottery Dog

汉代（公元前202—公元220年）
高43厘米，宽41厘米
山东博物馆
Han Dynasty (202B.C. — 220)
Height:43cm, Width:41cm
Shandong Museum

红陶质，通体施绿釉，一体制作而成。
陶狗仰视前方，眼神专注，竖起的耳
朵似乎在进行着高度警戒。

陶井

Pottery Well

汉代（公元前202—公元220年）
高57厘米，宽42厘米，底径17厘米
山东省济南市章丘区普集汉墓出土
山东博物馆
Han Dynasty (202B.C. － 220)
Height:57cm, Width:42cm, Bottom Diameter:17cm
Unearthed from Puji Han Tomb, Zhangqiu District, Jinan City, Shandong Province
Shandong Museum

泥质灰陶。由井身、井台、井架和井亭四部分构成，井身呈上小下大的圆筒状，井台上有一人、一水桶，作打水状，井架装饰繁复呈树状。水井是汉代常见的生产生活设施，除作为小型灌溉设施用于农业生产外，也是供日常生活使用的取水设施。

①

②

陶楼

Pottery Tower

汉代（公元前 202—公元 220 年）
①底长 10 厘米，底宽 10 厘米，高 19.5 厘米
②底长 18 厘米，底宽 15 厘米，高 21 厘米
山东省淄博市临淄齐故城出土
齐文化博物馆
Han Dynasty (202B.C. － 220)
① Bottom Length:10cm, Bottom Width:10cm, Height:19.5cm
② Bottom Length:18cm, Bottom Width:15cm, Height:21cm
Unearthed from the Linzi Old City, Linzi District, Zibo City, Shandong Province
Qi Heritage Museum

泥质，手作，为研究我国汉代时期的房屋建筑提供了实物资料。

绿釉陶厕

Green Glazed Pottery Toilet

汉代（公元前 202—公元 220 年）
长 29.9 厘米，宽 24.5 厘米，高 25.8 厘米
山东博物馆
Han Dynasty (202B.C. － 220)
Length:29.9cm, Width:24.5cm, Height:25.8cm
Shandong Museum

红陶质，通体施绿釉，正面开一门，外有一圈围栏。

埚富王城——邯郸

邯郸位于今河北省南端，晋冀鲁豫四省交界处，西依太行山脉，东连华北平原，交通便利，铁矿资源丰富。苏秦曾评价邯郸："山东之国莫强于赵者，岂非拥据河山，控带雄胜，邯郸之地，实为河北之心膂，而河南之肩脊哉？"[1] 地缘环境和交通优势让邯郸成为了战国时强国赵国的王都。公元前 386 年，赵敬侯将赵国都城由中牟迁到邯郸，赵国进入了军事、经济实力的快速增长时期，邯郸也很快发展成为北方地区重要的军事重镇和商业中心。

一　发达的水陆交通

邯郸北通燕、涿，南有郑、卫，漳、河之间一都会也。

——东汉·班固《汉书·地理志下》

西汉初期，汉政府继承了秦朝在地方上推行的郡县制，同时又分封诸侯王国，郡国两制并行。邯郸为赵国政区的都城，文献记载多以"赵"称之。赵地战略地位特殊，加之各种政治力量博弈，除秦汉之际的武氏赵国、赵氏赵国外，西汉更有从张氏赵国、刘氏赵国、吕氏赵国，后又回归刘氏赵国的复杂变化[2]。中央政府为了加强对赵国的控制和管理，在邯郸原有的水陆交通基础上，多次整修驰道、邮道，发展水运，以期稳定政局，此举同时也促进了邯郸地区经济的发展。

陆上交通以邯郸广阳道最为典型。邯郸广阳道贯穿太行山东部南北，战国时已有重要地位，秦代进行整修后，成为秦汉时期全国主要交通线之一[3]。邯郸广阳道是南北向行军的主要道路，向北可以达右北平郡等汉时抵御匈奴的主要城市，因此也成为由邯郸向北运送军事物资的补给线。同时，邯郸是黄河以北重要的市场所在地，广阳道为各色商人南下北上提供了便利。

而邯郸周边众多河流，如漳水、滏水、白渠水等，则为水路交通的发展创造了条件。两汉至三国时，修建了白渠、大白渠和斯洨水等多条运河，作为自然水路的补充，完善了邯郸的水运交通网[4]。水运比陆运运输能力强、成本低，且在战时具有更稳定和安全的特性，成为邯郸城对外交流的重要保障（图一）。

---

[1]　〔清〕顾祖禹：《读史方舆纪要》，中华书局，2005 年，第 674 页。

[2]　赵宏亮：《两汉赵国县邑乡里考》，《邯郸学院学报》2015 年第 3 期。

[3]　王子今：《秦汉交通史稿》，中共中央党校出版社，1994 年，第 28—30 页。

[4]　嵇果煌：《中国三千年运河史》，中国大百科全书出版社，2008 年，第 269—274 页。

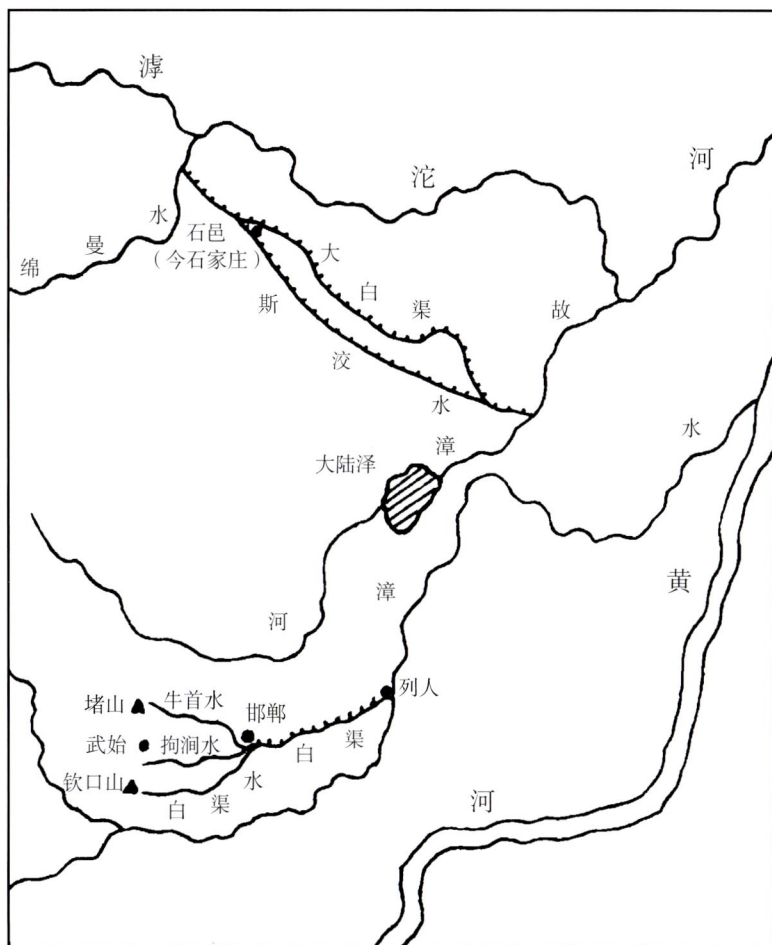

图一　西汉邯郸附近水系及运河示意图

（采自嵇果煌：《中国三千年运河史》，中国大百科全书出版社，2008年，第271页）

二　优秀的城市基建及城镇集群模式

> 赵国，故秦邯郸郡，高帝四年为赵国。景帝三年复为邯郸郡，五年复故。莽
> 曰桓亭。属冀州。户八万四千二百二，口三十四万九千九百五十二。县四：邯郸，
> 易阳，柏人、襄国。
>
> ——东汉·班固《汉书·地理志下》

秦末战争中，秦将章邯对邯郸"徙其民河内，夷其城郭"[1]，邯郸城遭到近乎灭城的破
坏。两汉时期，随着汉政府和重视和经济的繁荣，邯郸的城市建设也得到了一定的恢复和
发展。汉代邯郸城以战国邯郸的大北城为基础进行营建，城市建设在旧城维修加固、利用

---

[1]　〔西汉〕司马迁：《史记·张耳陈余列传》，中华书局，2013年，第3111页。

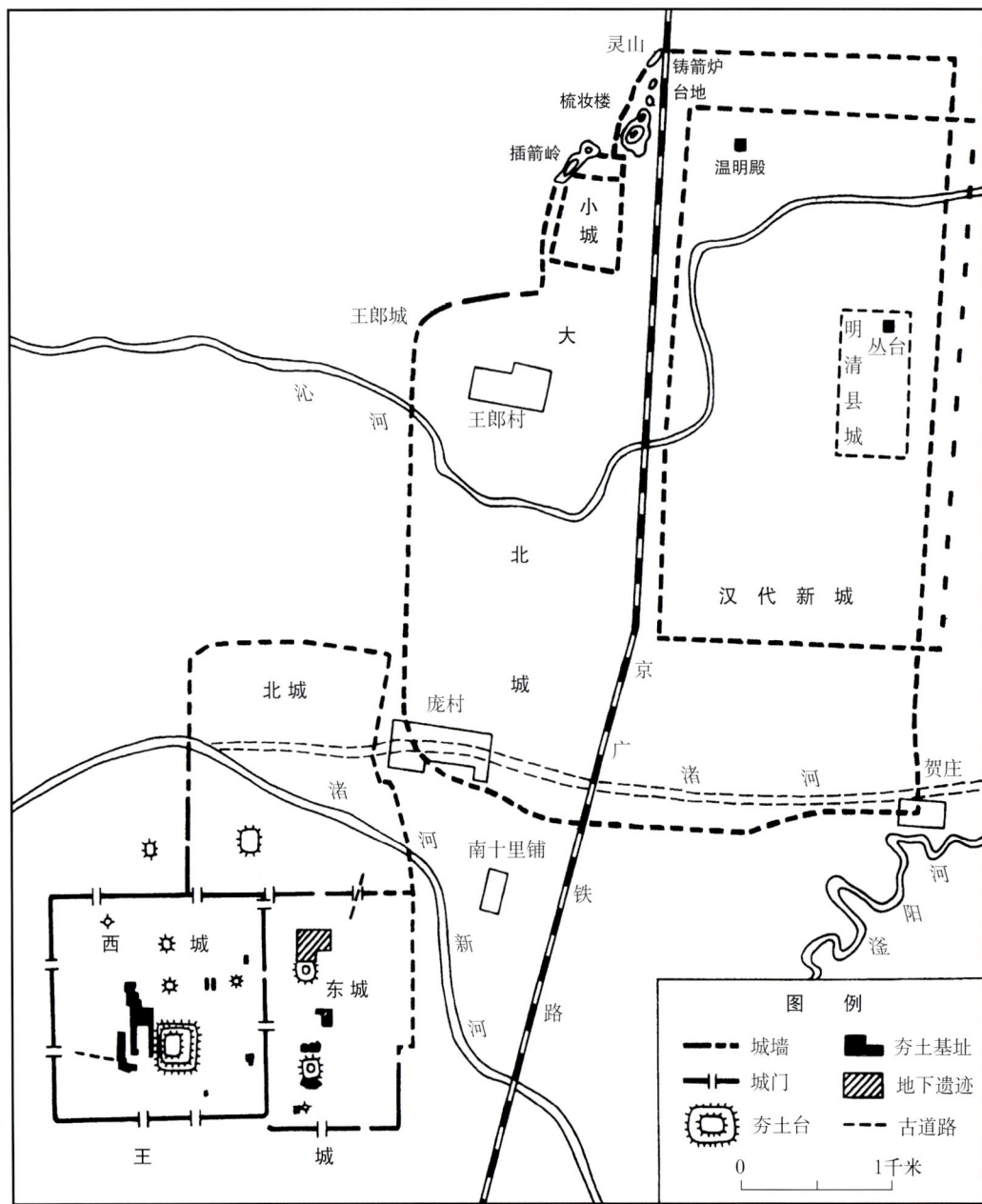

图二　邯郸故城核心城址布局平面图

（采自段宏振：《赵都邯郸城研究》，文物出版社，2009 年，第 88 页）

以及新城构筑中推进。邯郸大北城目前尚未发现道路和城门，大北城西北隅灵山、铸剑岭、皇姑庙等地分布着较多的建筑基址群，推断为汉代的官署区或宫殿区以及手工业作坊址，汉代后期此区域分布有较多墓地。中北部是宫殿区和贵族居住区。中东部则主要分布着手工业作坊区。南部主要是一般居民区和工商业区。大约自西汉后期，在大北城中北部、中东部开始建筑新城，范围约为原大北城一半，使用时间可能延续至北朝（图二）[1]。

---

[1]　段宏振：《赵都邯郸城研究》，文物出版社，2009 年，第 113—126 页。

随着城市建设的恢复，邯郸重新成为一个拥有十几平方公里城区面积和几十万人口的经济大都市，位列西汉"五都"之一，目前在邯郸附近的洺河中上游等地区发现 11 处城邑遗址，如阳城城址、邑城城址、柏人城址等，均建造有夯土城垣[1]，进一步实证了汉代邯郸城集群的快速发展。而邯郸作为这个区域城镇集群的核心，发挥中心城市功能，一方面利用自身强大的吸引力与影响力，从周围城市吸纳各种物质、人才资源，形成贸易、交换及财富集散中心，同时，又通过城市群之间的紧密联系，在政治、经济、文化等方面向周边城市进行辐射，带动了本区域城市集群的共同繁荣。

三 发达的手工业

赵国以冶铸为业，（赵）王数讼铁官事。

——东汉·班固《汉书·张汤传》

汉代，邯郸手工业的繁荣促进了商贸的进一步发展，也是邯郸成为商业都会并位列"五都"的重要原因，有"富在术数，不在劳身；利在势居，不在力耕"[2]一说。《春秋穀梁传》提到卫献公弟弟曾"出奔晋，织绚邯郸"，织"绚"为制鞋的工艺，表明邯郸早在春秋战国时期就有了明确的手工业分工。而汉代邯郸城人口增长，商贸发达，形成了以冶铁业为支柱行业，包括铸铜业、制陶业在内的手工业体系和贸易发达、管理严密的商业体系。

冶铁业一直是邯郸的支柱产业，邯郸及周边地区拥有丰富的铁矿资源，总储量 47526.8 万吨，多数是接触交代型磁铁矿床，主要分布在武安市中部、磁山至西石门一带和涉县及符山一带，而且多是品位高易选矿[3]。丰富的铁矿资源为邯郸冶铁业的发展提供了基本条件。邯郸冶铁业在战国时就已经成为主要产业，《史记·货殖列传》记载邯郸人郭纵凭借冶铁业成为一方豪族，"以铸冶成业，与王者埒富"。同时邯郸冶铁工艺和技术位于全国前列，其先进的冶铁技术更通过人口迁移和日常交流传至其他地区。赵国冶铁大家卓氏就在秦灭赵之后被迁至临邛，并且很快依靠先进的冶铁技术成为当地有名的富商，为成都平原汉代冶铁业的兴盛提供了重要的技术支持。汉代邯郸制铁产业继续发展，在大北城内的邯山发现汉代铸铁遗址，城内及邯郸周边遗址及汉墓中也出土大量铁器[4]，包括铁剑、铁箭镞、铁锛、铁斧、铁灯等，铁器的使用已经融入汉代邯郸人的生产生活中（图三）。

除冶铁业外，汉代邯郸的铸铜业同样飞速发展。这些优秀的铜制产品不仅在当地被广

[1] 段宏振：《赵都邯郸城研究》，文物出版社，2009 年，第 148 页。

[2] 〔西汉〕桓宽《盐铁论·通有第三》，陈桐生译注，中华书局，2015 年，第 29 页。

[3] 王荣耕：《邯郸地区冶铁遗址初步调查研究》，北京科技大学博士学位论文，2018 年，第 18 页。

[4] 段宏振：《赵都邯郸城研究》，文物出版社，2009 年，第 119—120 页。

图三　邯郸市钢铁总厂西区墓葬出土西汉包金铜柄铁剑

泛使用，还通过邯郸发达的交通和繁荣的商业输送至全国各地。邯郸故城（大北城）内发现铜器冶铸作坊，遗迹中有"半两"钱的铸造范，说明冶铸作坊可能为官营性质，也证明汉代邯郸依旧有货币铸造功能。遗迹作坊中成捆的三棱形铜制箭头的发现，则反映出邯郸铸铜业在货币铸造之外还具备兵器铸造的功能。汉武帝茂陵从葬坑中发现了甑、釜、盆三件西汉器物，三件器物外沿均刻有"阳信家"及"五年奉主买邯郸"铭文[1]，满城汉墓出土的铜器中分别有铜甑、铜釜、铜盆各一件，上面都有铭文"赵献"，均表明这些铜器为赵国生产，产地大概率也在邯郸[2]。阳信家即为阳信长公主家，满城汉墓为中山靖王刘胜及其妻窦氏墓葬，这几件带铭铜器的出土显示出西汉王族与贵族也使用邯郸生产的铜器，其精致程度和市场认可度不言而喻。此外，居延汉简中也提到"出四百册买邯郸铫二枚"[3]（图五），经分析这两枚铫应为铜器[4]，说明邯郸铜器销售范围十分广阔，关中和西北边地均有出售，且作为商业产品的就至少包括甑、釜、盆、铫等多种类型（图四）。

除冶铁业、铸铜业外，制陶业也是邯郸的重要产业。邯郸制陶业在文献中记载较少，但在考古发掘中却有多处证据。在邯郸大北城遗址发现五处制陶作坊遗迹，清理出土两座战国陶窑、两座汉代陶窑以及一座战国至西汉陶窑，窑炉分布位置较为集中，呈现出从战国至秦汉时期延续的发展状态[5]。大北城城址东部不远处东庄遗址的陶窑中出土一件陶钵，器底有"邯亭"戳记[6]，可能为"邯郸市亭"的简称，说明汉代邯郸的民营制陶业已经过市

[1] 咸阳地区文管会、茂陵博物馆：《陕西茂陵一号无名冢一号从葬坑的发掘》，《文物》1982年第9期。

[2] 河北博物院、河北省文物研究所、河北省文物保护中心：《大汉绝唱 满城汉墓》，文物出版社，2014年，第244页。

[3] 谢桂华、李均明、朱国炤：《居延汉简释文合校》，文物出版社，1987年，第40页。

[4] 郝良真、朱建路：《居延汉简所见邯郸铫》，《中原文物》2001年第3期。

[5] 段宏振：《赵都邯郸城研究》，文物出版社，2009年，第120页。

[6] 乐庆森：《邯郸市东庄遗址试掘简报》，《文物春秋》2006年第6期。

图四　邯郸市户村砖厂墓葬出土东汉釜式分体铜甗　　图五　居延汉简"邯郸铫"简

亭批准，有较为专业、规范的管理方式。

　　汉代邯郸由战国时期的诸侯王国国都演变为郡国的区域中心城市，尽管在战国晚期至秦的战争中，城市建设和社会经济遭到严重破坏，但随着汉代整个社会生产力的提升，它凭借优越的地理位置、发达的交通、丰富的自然资源很快得到恢复，在前期都市经济和手工业基础上进一步发展，成为华北政治、经济与手工业的重地。

赵国故都

———○———

　　战国时，邯郸为赵国王都，已是河北平原南部最大的工商业城市和著名的冶铁中心。西汉时，邯郸为郡国赵国的都城所在，继承战国时的人口经济基础，利用丰富的物产和便利的交通进一步发展、繁荣，成为五都之一。邯郸地区出土的各类建筑构件模型、陶俑等，都是汉代邯郸城市风貌的生动写照。

青铜马

Bronze Horse

战国（公元前 475—公元前 221 年）
长 23.5 厘米，高 15 厘米
河北省邯郸市赵王陵二号墓出土
邯郸市博物馆
Warring States Period (475B.C. — 221B.C.)
Length:23.5cm, Height:15cm
Unearthed from the Tomb No.2 of the King, The Emperor of Zhao Mausoleum, Handan City, Hebei Province
Handan Museum

青铜马为低头后坐式立马，头左倾，后足略蹲，尾打结下垂，五官清晰，嘴微张，以线条表示额脊鬃毛。造型生动形象，采用了先秦时期罕见的多视角立体构图的圆雕手法，充分表现了战国时期邯郸精湛的雕塑技艺和审美思想。青铜马尾巴打结，肌腱隆突、四肢发达、背部丰满、臀部强健、马颈有力，专家推断其为成年蒙古战马的造型，应与赵武灵王实行"胡服骑射"的史实有关。这是我国目前发现最早的具有写实艺术风格的青铜马。

赵王城东城东垣排水槽

陶排水槽

Pottery Drainage Gully

战国（公元前 475—公元前 221 年）
长 47.2 厘米，宽 58.5 厘米，高 18 厘米
河北省邯郸市赵王城遗址出土
邯郸市博物馆
Warring States Period (475B.C. － 221B.C.)
Length:47.2cm, Width:58.5cm, Height:18cm
Unearthed from the City of Zhao Empire Site, Handan City,
Hebei Province
Handan Museum

陶制排水槽为邯郸战国都城赵王城遗址出土的建筑构件，水槽断面呈凹字形，上端略宽，下端略窄，槽内有两顶鼻，可以多个连接组成坡道状水槽道。赵王城城墙内侧呈台阶式上升结构，每升高 1.5 米至 2 米之间便形成一个略呈斜坡的台层，上面铺设板瓦和筒瓦，这一设施称为铺瓦。城墙内侧每隔 30 米左右，便铺设一条陶制排水槽，用于排泄墙顶上的雨水。铺瓦与排水槽的建筑结构目前仅见于赵都邯郸故城，是赵国建筑的一大特点，在古代建筑史上也有着特殊意义。

绿釉陶楼

Green Glazed Pottery Tower

汉代（公元前202—公元220年）

长38.7厘米，宽22.9厘米，高56.3厘米

河北省邯郸市张庄桥汉墓出土

邯郸市博物馆

Han Dynasty (202B.C. — 220)

Length:38.7cm, Width:22.9cm, Height:56.3cm

Unearthed from Zhangzhuangqiao Village Han Tombs, Handan City, Hebei Province

Handan Museum

陶楼为上、下两部分组合而成的双层陶楼。每一层正面有镂空长条形窗，两侧各有一圆孔，一层与屋檐以斗拱相连作为二层平台，二层楼上接庑殿顶。陶楼施绿釉，釉色呈现出美丽的翠绿色，极富装饰感。

陶猪舍

Pottery Pigpen

西汉（公元前 202—公元 8 年）
长 35.3 厘米，宽 28.3 厘米，高 19.4 厘米
河北省邯郸市林村汉墓出土
邯郸市博物馆
Western Han Dynasty (202B.C. — 8)
Length:35.3cm, Width:28.3cm, Height:19.4cm
Unearthed from Lin Village Han Tombs, Handan City, Hebei Province
Handan Museum

整体呈长方形，正面和左侧有一层台阶，台阶两端有厕所，
内部为猪圈，内置一猪。这种猪圈与厕所相连的建造方式
在汉代颇为常见，厕所和猪圈的高低落差有效利用了生活
空间，同时也有利于资源的循环利用。

陶井

Pottery Well

汉代（公元前 202—公元 220 年）
最大直径 10.9 厘米，底径 10.4 厘米，高 18.5 厘米
邯郸市博物馆
Han Dynasty (202B.C. － 220)
Maximum Diameter:10.9cm, Bottom Diameter:10.4cm, Height:19.4cm
Height:18.5cm
Handan Museum

井口呈圆形，井栏上设有井架，井架上有井亭。水井是汉代常见的生产、生活设施，除作为小型灌溉设施用于农业生产外，也供日常生活使用。井亭的出现也说明汉代人们对水源卫生的重视。

陶 "千秋万岁" 瓦当

Pottery Eaves Tile with Characters of "千秋万岁"

西汉（公元前 202—公元 8 年）

直径 16.7 厘米，厚 2.5 厘米

河北省邯郸市丛台西路出土

邯郸市博物馆

Western Han Dynasty (202B.C. — 8)

Diameter:16.7cm, Thickness:2.5cm

Unearthed from Congtaixi Road, Handan City,

Hebei Province

Handan Museum

"千秋万岁" 瓦当平面为圆形，面内区饰七个呈梅花形分布的乳钉，花外饰两周凸线纹。中区由四个 "巾" 字形纹分成四个等区，每区各一字，为 "千秋万岁" 篆体字样。早期的瓦当为半圆形，战国及秦代圆形和半圆形瓦当并存，早期纹饰主要为兽面纹，后来逐渐向卷云纹等其他纹饰发展。秦代主要盛行动物图案的瓦当。到了汉代以后，在继承秦代瓦当的基础上又有了较大的发展和创新，特别是在瓦当的图案装饰上一时涌现出大量篆体书的文字瓦当，成为汉代瓦当的一大特色，如 "长乐未央" "长生无极" "千秋万岁" "汉并天下" "延年益寿" "亿年无疆" 等吉祥语。秦汉时期圆形瓦当仍属于高级建筑材料，此 "千秋万岁" 瓦当应为行宫、衙署、馆驿等高级建筑构件，也见证了汉代邯郸城发达的城市建设。

朱绘陶耳杯

Pottery Eared-cups Painted in Vermilion

西汉（公元前 202—公元 8 年）

长 18.9 厘米，高 5.3 厘米

河北省保定市满城汉墓出土

河北博物院

Western Han Dynasty (202B.C. － 8)

Length:18.9cm, Height:5.3cm

Unearthed from Mancheng Han Tombs, Baoding City,
Hebei Province

Hebei Museum

两件耳杯器身椭圆，两侧有耳，微向上翘，平
底有矮圈足。陶质较细，器内涂朱红色，器耳
与外壁皆以褐色涂地，上绘朱色三角纹带。

彩绘陶盆

Painted Pottery Pot

西汉（公元前 202—公元 8 年）
口径 55 厘米，高 13.1 厘米
河北省保定市满城汉墓出土
河北博物院

Western Han Dynasty (202B.C. — 8)
Mouth Diameter:55cm, Height:13.1cm
Unearthed from Mancheng Han Tombs, Baoding City, Hebei Province
Hebei Museum

盆为敞口，平折沿，浅腹，圜底。以黑色涂地，再用红、白等色描绘出各种纹饰。口沿饰三道红彩，内壁纹饰分为三部分，上部和底部绘鱼纹、鹭鱼纹，中部在两周红彩之间填绘由云气纹、带纹等组成的一个彩带。彩绘技巧成熟，画法生动，富于写实感，充分表现了汉代画工的高超技艺。

灰陶踞坐俑

Grey Pottery Squatting Figurine

汉代（公元前 202—公元 220 年）
长 9 厘米，高 17.8 厘米
邯郸市博物馆
Han Dynasty (202B.C. — 220)
Length:9cm, Height:17.8cm
Handan Museum

陶俑作踞坐状，束发挽髻，着双层
长袍，可能为侍女俑。

釉陶博山炉

Glazed Pottery Censer

东汉（25—220 年）
直径 28 厘米，高 27.5 厘米
邯郸市博物馆
Eastern Han Dynasty (25 — 220)
Diameter:28cm, Height:27.5cm
Handan Museum

盖与炉身相扣。盖呈山峦状，镂空透雕。炉身似豆，弧腹较浅，高柄中空，柄下有圆形托盘，盘内凹与柄相通。博山炉又叫博山香炉、博山香熏、博山熏炉等，因其器盖似传说中的海上仙山——博山而得名。当炉腹内燃烧香料时，烟气从镂空的山形中散出，有如仙气缭绕，给人以置身仙境的感觉。博山炉的使用不仅反映了人们优雅的生活情趣，同时也体现了汉代人对于仙境的向往和追求。

铜熏炉

Bronze Censer

西汉（公元前 202—公元 8 年）
腹径 8.6 厘米，高 9.5 厘米
河北省保定市满城汉墓出土
河北博物院
Western Han Dynasty (202B.C. － 8)
Belly Diameter:8.6cm, Height:9.5cm
Unearthed from Mancheng Han Tombs, Baoding City,
Hebei Province
Hebei Museum

炉身呈豆形，带盖，通体鎏金。盖为弧面形，盖顶有带柿蒂纹座的环钮一个，周围透雕盘龙三条，龙身卷曲盘绕，彼此首尾相接。熏炉也称香炉、熏笼，在熏炉内焚香，透过盖上镂孔，轻烟缭绕，香气四溢，有助于营造肃穆、高雅的气氛。汉武帝时期，国力鼎盛，外邦进贡者络绎不绝，香料是最主要的贡品之一。由于燃烧香料时香气更浓烈且更易扩散，故焚香成为当时最流行的用香方式，熏炉也便随之兴盛。

坯富王城——邯郸

冶铸为业

----○----

汉代邯郸城人口众多,经济繁荣,手工业体系持续发展,冶铸业成为最为突出的支柱产业。邯郸的冶铁工艺和技术位于全国前列,冶铁业的发展不仅促进了邯郸城的发展、繁荣,先进的冶炼技术更通过人口迁移和文化交流传播至其他地区。除冶铁业外,汉代邯郸的铸铜业、制陶业等也相当发达。邯郸生产的铜器,不仅供本地居民使用,还通过发达的交通网络输送至全国各地,甚至被王室贵族争相购买。

铁犁铧

Iron Plowshare

西汉（公元前 202—公元 8 年）
长 32.5 厘米
河北省保定市满城汉墓出土
河北博物院
Western Han Dynasty (202B.C. － 8)
Length:32.5cm
Unearthed from Mancheng Han Tombs,
Baoding City, Hebei Province
Hebei Museum

犁铧整体略呈三角形，弧形刃，中间起脊，形成分土的两坡式，平底，后为三角形銎孔。春秋战国时期，随着冶铁业的兴起，铁制农具开始出现，与木、石等材料的农具并用。到了汉代，铁农具的推广和普遍使用，不仅是中国农具史上的大变革，更直接促进了农业生产力的提升与飞跃。汉代铁农具种类和结构上也更加适应农业发展的需要，铁犁就是当时一种新的铁制农耕用具，可配合耕牛犁地，犁铧则是铁犁的核心部分。这件犁铧体形较大，可能是由数牛牵挽的开沟犁，可进行深耕、翻土、活地，说明西汉时期铁犁铧在该地区已得到普遍应用，农业生产水平进一步提升。

铁灯

Iron Lamp

汉代（公元前 202—公元 220 年）
长 13.2 厘米，高 1.9 厘米
邯郸市博物馆
Han Dynasty (202B.C. － 220)
Length:13.2cm, Height:1.9cm
Handan Museum

灯盘为圆形，中部有一尖锥状烛插，一侧有手柄，底部三短足为支撑。

铁斧

Iron Axe

战国（公元前 475—公元前 221 年）

长 18 厘米，宽 8.8 厘米，厚 3.4 厘米

邯郸市博物馆

Warring States Period (475B.C. — 221B.C.)

Length:18cm, Width:8.8cm, Thickness:3.4cm

Handan Museum

弧刃，刃部锋利，上边缘有残缺。为砍伐工具。

长方銎锛

Iron Adze

战国（公元前 475—公元前 221 年）

长 15 厘米，宽 6.3 厘米，厚 2.6 厘米

邯郸市博物馆

Warring States Period (475B.C. — 221B.C.)

Length:15cm, Width:6.3cm, Thickness:2.6cm

Handan Museum

平直刃，刃部锋利，体为长方形，剖面
呈楔形，长方形口。为开垦土地的农具。

铜盆、铜甑、铜釜为同一墓葬出土，铜铸鎏金，锤揲制成，自上而下可组合为甗，为蒸食用具，铜甑上铭文"阳信家鐎甗"也佐证了三件组合器的使用。三者均有"五年奉主买邯郸"以及"阳信家"的铭文。"阳信"系指汉武帝姐姐阳信长公主封号。"五年奉主买邯郸"铜甑铭文则明确表明这套饮食器炊煮铜器为阳信长公主家专门采购的邯郸铜制品，是邯郸铜器品质优秀的有力证明。

口沿下外壁刻铭

"五年奉主买邯郸"铜盆

Bronze Basin with Characters of "五年奉主买邯郸"

西汉（公元前202—公元8年）
口径18.1厘米，底径6.1厘米，高8.1厘米
陕西省咸阳市茂陵从葬坑出土
茂陵博物馆

Western Han Dynasty (202B.C. — 8)
Mouth Diameter:18.1cm, Bottom Diameter:6.1cm, Height:8.1cm
Unearthed from Funeral Pit of Maoling Mausoleum, Xianyang City,
Shaanxi Province
Maoling Museum

铜铸鎏金，锤揲制成。敞口，外折沿，小平底。口沿及内
壁鎏金，口沿下鎏金宽带纹一圈，上刻铭文"阳信家鐎盆，
容一斗，并重三斤六两，五年奉主买邯郸，夷（第）二"。

"五年奉主买邯郸"铜甑

Bronze *Zeng*（Steaming Tool）with Characters of "五年奉主买邯郸"

西汉（公元前 202—公元 8 年）
口径 18.1 厘米，底径 8 厘米，高 9 厘米
陕西省咸阳市茂陵从葬坑出土
茂陵博物馆
Western Han Dynasty (202B.C. — 8)
Mouth Diameter:18.1cm, Bottom Diameter:8cm, Height:9cm
Unearthed from Funeral Pit of Maoling Mausoleum, Xianyang City,
Shaanxi Province
Maoling Museum

铜铸鎏金，锤揲制成。敞口，外折沿，小圈足套在釜的小
直口的外面。底部装一固定的箅子，箅面微向上鼓，有 139
个圆孔。甑腹亦铆模铸铺首衔环一对。口部、足部、内壁及
箅面鎏金。口沿下鎏金宽带纹一周，上刻铭文"阳信家鎏甑，
容一斗，并重三斤六两，五年奉买主邯郸，夷（第）二"。

口沿下外壁刻铭

"五年奉主买邯郸" 铜釜

Bronze Fu (Cooking Vessel) with Characters of "五年奉主买邯郸"

西汉（公元前 202—公元 8 年）

口径 6.9 厘米，底径 6 厘米，高 14.5 厘米

陕西省咸阳市茂陵从葬坑出土

茂陵博物馆

Western Han Dynasty (202B.C. — 8)

Mouth Diameter:6.9cm, Bottom Diameter:6cm, Height:14.5cm

Unearthed from Funeral Pit of Maoling Mausoleum, Xianyang City,

Shaanxi Province

Maoling Museum

铜铸鎏金，锤揲制成。小直口，圆腹，平底。下部似一折沿盆，上部覆钵，肩部有对称的模制铺首衔环一对，用铆钉固定。釜腹上部及内壁鎏金，下部及底部外侧器表黑亮。釜肩外侧刻铭文"阳信家鋈腹（釜），容一斗，并重三斤六两，五年奉主买邯郸，夷（第）二"。

釜肩外侧刻铭

"阳信家" 染器

Bronze *Ran*（Heating Tool）with Characters of "阳信家"

西汉（公元前202—公元8年）

耳杯口径15厘米，高4.1厘米；炉口径8.8—13.8
厘米，高7.9厘米；通高10.3厘米

陕西省咸阳市茂陵丛葬坑出土

茂陵博物馆

Western Han Dynasty (202B.C. － 8)
Cup Mouth Diameter:15cm, Height:4.1cm; Stove Mouth
Diameter:8.8-13.8cm, Height:7.9cm; Total Height:10.3cm
Unearthed from Funeral Pit of Maoling Mausoleum,
Xianyang City, Shaanxi Province
Maoling Museum

包括一炉和一耳杯。炉为椭圆形，下设三蹄足，炉腹
向外平伸一长柄，柄端作桃形，炉底有盛灰盘。炉壁
镂三角形孔，底镂两排条形孔，炉的口沿有四个方形
支钉。炉身、承盘、三足、手柄分别锻制后焊接成整
体。炉上承托铜耳杯，杯口为椭圆形，月牙形耳，浅
腹。杯外侧刻"阳信家，容一升半升，重十五两，第
九，函池"。炉壁口沿外侧刻"阳信家，重二斤七两
第十，函池"。染器是一种食器，用于温热吃肉时所
需酱料。汉代常以"濡"的方法制肉食，"欲濡肉，
则释而煎之以醢"，即濡肉时要放进酱中烹煎。染杯
中盛酱，染炉则可满足煎的需要。

盖沿外侧刻铭

温手炉

Bronze Stove

西汉（公元前 202—公元 8 年）
口径 9—14 厘米，高 12 厘米
陕西省咸阳市茂陵从葬坑出土
茂陵博物馆
Western Han Dynasty (202B.C. — 8)
Mouth Diameter:9-14cm, Height:12cm
Unearthed from Funeral Pit of Maoling Mausoleum, Xianyang City, Shaanxi Province
Maoling Museum

青铜质，温手炉平面呈椭圆形，上覆盖，蹄形四足，炉身、炉足分别
锻制后用铆钉结合，底镂四组长条形孔。腹部向外伸出宽带形柄，柄
端作桃形。盖面套一小环，镂饰柿蒂纹及 S 纹。盖沿外侧镌刻铭文一
行八字"阳信家铜温手炉盖"，炉身下腹外侧铭文"阳信家铜温手
炉"。承盘为敞口外折沿，浅腹，平底，椭圆形浅盘，口沿向外平伸一
长形柄，焊接，盘底亦焊接四条蹄足，盘外侧铭刻"阳信家温手炉承盘"。

龙首把铜量

Bronze Measuring Vessel with Dragon Handle

西汉（公元前 202—公元 8 年）
长 14.2 厘米，口径 8.9—7.7 厘米，高 9 厘米
河北省邯郸市车骑关汉墓出土
邯郸市博物馆
Western Han Dynasty (202B.C. — 8)
Length:14.2cm, Mouth Diameter:8.9-7.7cm, Height:9cm
Unearthed from Cheqiguan Han Tombs, Handan City,
Hebei Province
Handan Museum

铜量造型为方舟形，直口，浅腹，假圈足。外壁一侧置龙首长柄，龙首刻画细腻生动，工艺十分精湛。该铜量出自邯郸南郊一座西汉高等级"黄肠题凑"墓中。"黄肠题凑"是汉代贵族厚葬之风的特征之一，目前全国发现的数量不多。据研究，该墓葬墓主应为西汉后期汉代赵国的一位赵王，而这件铜量则是赵王生前拥有的一件精美铜器。

龟形铜灶

Bronze Turtle-shaped Oven

汉代（公元前 202—公元 220 年）
长 22 厘米，宽 14 厘米，高 12 厘米
征集
邯郸市博物馆

Han Dynasty (202B.C. — 220)
Length:22cm, Width:14cm, Height:12cm
Collected
Handan Museum

灶由灶身、灶面、火门、烟囱、火眼、釜、勺
组成。铜灶似龟形，烟囱为头，伸长颈，昂首
张口，口可吐烟。其身为两腰作弧形的三角形，
四腿直立。这件铜灶做工精良，造型生动，展
示了汉代高超的制铜工艺和人们的审美情趣。

承盘雁足铜灯

Bronze Lamp

东汉（公元 25—220 年）
上口径 11 厘米，底径 23.9 厘米，高 22 厘米
河北省邯郸市张庄桥汉墓出土
邯郸市博物馆
Eastern Han Dynasty (25 — 220)
Mouth Diameter:11cm, Bottom Diameter:23.9cm, Height:22cm
Unearthed from Zhangzhuangqiao Village Han Tombs, Handan City,
Hebei Province
Handan Museum

灯柄为张开的雁足，立于承盘中央。雁足柄细高束腰，上段
接三片变形花瓣托起一圆形灯盘。灯盘中央铸有小尖锥状烛
插。这件铜灯造型精美，质地精良，设计巧妙，是上层贵族
所用灯具。它不仅展现了汉代邯郸工匠的智慧和巧思，同时
也折射出他们丰富的艺术修养、精神追求和生活情趣。

双鱼纹铜洗

Bronze *Xi* (Container)

东汉（公元 25—220 年）
口径 43.1 厘米，底径 17.6 厘米，高 10.3 厘米
河北省邯郸市张庄桥汉墓出土
邯郸市博物馆
Eastern Han Dynasty (25 — 220)
Mouth Diameter:43.1cm, Bottom Diameter:17.6cm,
Height:10.3cm
Unearthed from Zhangzhuangqiao Village Han Tombs,
Handan City, Hebei Province
Handan Museum

敞口，宽平沿略内倾，折壁浅腹，假圈足状平底。胎壁较薄，盆内底部铸有左右对称阳纹双鱼图案。铜洗是一种盥洗器具，往洗中注水时，铜洗内底的双鱼图案可呈现出锦鳞戏水、鱼翔浅底的生动效果，增添了一份闲适的生活情趣。

钵底戳印铭文"邯亭"

"邯亭"陶钵

Pottery Bowl with Characters of "邯亭"

汉代（公元前 202—公元 220 年）
口径 24.8 厘米，高 19.3 厘米
河北省邯郸市东庄遗址出土
邯郸市博物馆
Han Dynasty (202B.C. — 220)
Mouth Diameter:24.8cm, Height:19.3cm
Unearthed from Dongzhuang Site, Handan City, Hebei Province
Handan Museum

圆唇，浅腹，平底，内壁有螺旋状暗纹，底部有圆形"邯
亭"戳印。"邯亭"字体为典型的秦篆，可能为"邯
郸市亭"的简称，说明汉代邯郸制陶业有较为专业、
规范的管理方式。

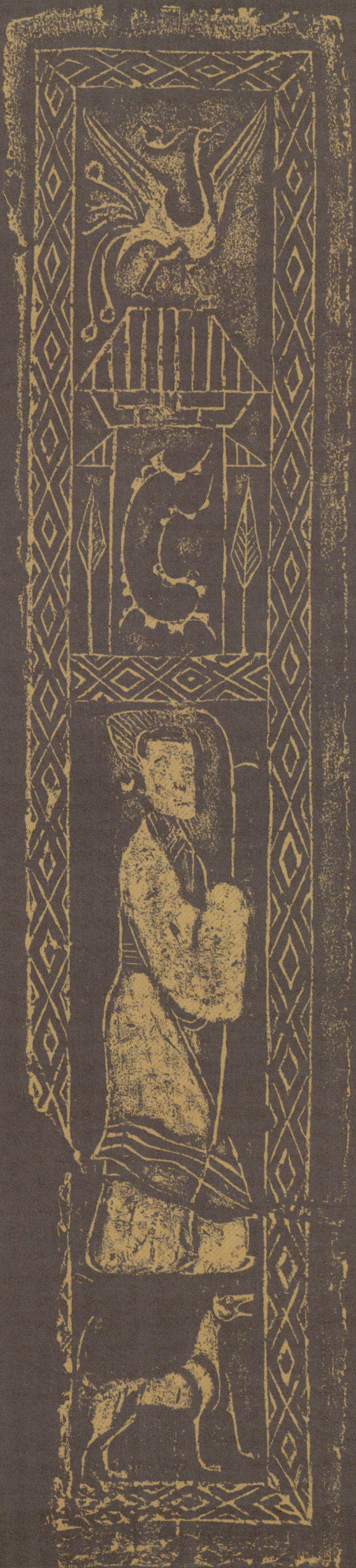

南都帝乡——宛

商周时期，宛城所在的南阳盆地被称为"南土""南国"。春秋早期，楚文王根据神农氏称南阳之地为"灵气宛潜，富民宝地"的传说，将新辟建的城邑定名为"宛邑"。春秋末期，由于宛邑位于伏牛山之南，汉水之北，楚人便把宛邑更名为南阳。至汉代，宛为南阳郡治，农业、手工业、商业都相当繁荣。光武帝刘秀曾在西汉末年"卖谷于宛"，后以南阳兵起家，建立东汉，因此东汉王朝始终优待南阳郡，宛城也进入发展的黄金时期。

一　地理环境和城市建设

尔其地势，则武阙关其西，桐柏揭其东。流沧浪而为隍，廓方城而为墉。汤谷涌其后，清水荡其胸。推淮引湍，三方是通。

——东汉·张衡《南都赋》

"宛"为多音字，当其特指位于今南阳市境内的古代宛城时，应读作"yuān"（通渊）。宋代语言学家陈彭年、丘雍合著的语音专著《广韵·元韵》篇对"宛"的注释是："宛，於袁切，古县名，宛、宛县，在南阳。"《康熙字典》对"宛"字的注释："宛，於袁切，县名，春秋时属晋，战国为韩宛邑，秦为宛县。汉因之。明属南阳府。"[1]《说文解字》中提到"宛，屈草自履也，从宀、夗声"[2]，其解释也与宛城的环境特征相符合。"屈草自覆"，即为芳草盖地，植被葱茏之地。而宛城位于亚热带与温带过渡区域，气候温润，土地肥沃，周围河流广布，水系发达，物产资源丰富，动物、植物、农作物、林果木、矿产等一应俱全，"屈草自覆"名副其实。

优越的地理环境提供了良好的建城基础，宛城自建城以来的两千多年里，历代虽有兴废，但城址却基本不变。宛城于汉水主要支流白河的中游河床北面凸岸邻水而建，周围另有梅溪河、温凉河环绕，可最大程度避免水灾侵袭，同时利用周边水系为城市提供稳定的水源，并结合南阳盆地处于长江、淮河、黄河三大水系的交汇地带这一特点，发展航运[3]。据文献记载，汉宛城有"周三十六里"，规模相当宏伟，是在先秦时期宛邑故城的基础上修建的，由大、小两座城池组成，小城位于大城的西南隅，小城的西南二面城墙是大城的

[1] 王平：《"宛"指南阳应读"yuān"》，《南阳晚报》2021年9月25日。

[2] 〔东汉〕许慎：《说文解字》卷七，中华书局，2013年，第147页。

[3] 李炎、梁晨：《南阳古城空间演变与城市水系的营建研究》，《中华建筑》2014年第4期。

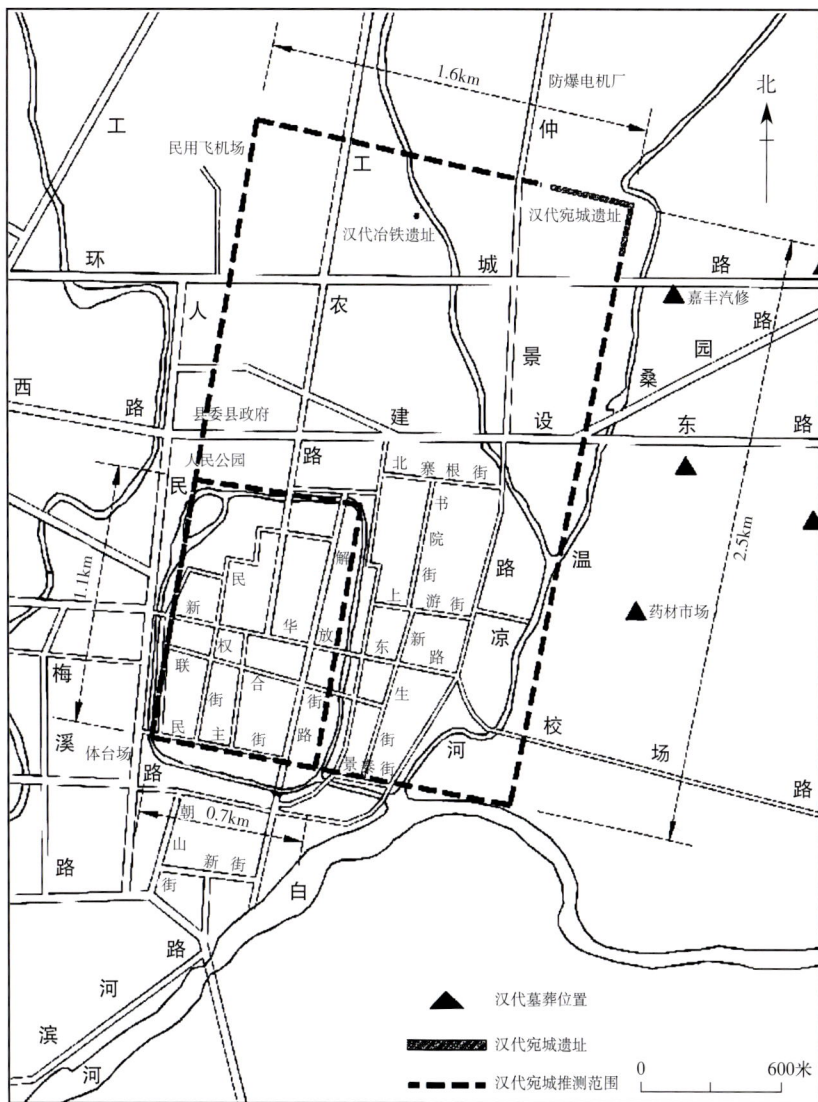

图一　汉宛城城址范围示意图

（采自李炎、梁晨：《南阳古城空间演变与城市水系的营建研究》，《中华建筑》2014年第4期）

组成部分[1]。汉代宛城是南阳城市营建过程中的一个重要阶段，为后期城市的空间形态奠定了基础。自20世纪五六十年代起，考古工作者对汉宛城及周边进行了考察与发掘，在今南阳市中心区的东北部、北部和南部发掘出城垣遗址三处[2]。并在宛城东北隅城墙遗址的西南约2000米的瓦房庄附近，发现一座规模宏大、内容丰富的汉代手工业作坊遗址，进一步佐证了汉代宛城的存在范围（图一）。而汉代宛城城市建设的发展也为宛成为"大郡之都"，"人民众，积蓄多"[3]打下了坚实的基础。

---

[1]　李炎：《关于汉代南阳宛城城址规模、形制的探讨》，《中华建筑》2010年第2期。

[2]　李炎、梁晨：《南阳古城空间演变与城市水系的营建研究》，《中华建筑》2014年第4期。

[3]　〔西汉〕司马迁：《史记·高祖本纪》，中华书局，2013年，第452页。

二　农业的快速发展

> 行视郡中水泉，开通沟渎，起水门提阏凡数十处，以广溉灌，岁岁增加，多至三万顷。民得其利，蓄积有余。
>
> ——东汉·班固《汉书·循吏传》

两汉时，由于具备优越的地理环境和水文条件，同时受先进的生产技术和生产工具普遍推广的促进，宛城的农业、畜牧业得以长足发展，有"郡中莫不耕稼力田"[1]"郡内比室殷足"[2]之称。这一时期的南阳，水利工程建设卓有成效，成为全国著名的灌溉区。西汉召信臣出任南阳太守，重视农耕，并主持兴建了六门堰、召渠、钳卢陂等水利工程。东汉南阳太守杜诗又疏浚和新修了南阳境内的大型陂池堰渠，形成了较为完备的水利灌溉系统，为农业生产的发展、农作物的丰收提供了有力保证[3]。南阳人称二位太守为"召父""杜母"。

同时，牛耕的推广和使用也促进了南阳农业的发展。南阳养牛经验丰富，养牛业发达，南阳黄牛早在春秋战国时已驰名全国，秦相百里奚为宛人，年轻时曾经贩牛，著有《相牛经》。西汉时期，汉政府在南阳地区大规模推广牛耕，牛耕的使用节省了农作时间，解放了农业生产力。随着牛耕在南阳地区的推广，牛也成为南阳人心中十分重要的动物，南阳地区出土了大量汉代陶牛模型，汉代画像砖、画像石中也多有与牛相关的图像（图二）。

此外南阳还是较早使用铁农具的地区，在南阳发现了西汉铁犁铧、V形铁口犁铧、铧范、耧足范等。南阳地区使用的铁制犁铧上口加宽，两侧犁叶加长，铧锋角度变小，加强了破土力。

图二　南阳英庄出土汉画像石牵牛图拓片

---

[1]　〔东汉〕班固：《汉书·循吏传》，中华书局，2013 年，第 3642 页。

[2]　〔南朝宋〕范晔：《后汉书·杜诗传》，中华书局，2012 年，第 1094 页。

[3]　刘新：《试论汉代南阳郡治宛城的历史地位——兼谈宛城在汉代丝绸之路上的作用》，《洛阳考古》2014 年第 4 期。

列备五都——秦汉时期的中国都市

楼足范的发现表明汉时南阳农耕已用楼播，开沟、播种等一次完成，播种均匀，深浅一致，使得农田可以深耕细作，提高了劳动生产效率[1]。

三　发达的冶铁业

宛钜铁釶，惨如蜂虿。

——战国·荀子《荀子·议兵》

史籍记载，济南郡的东平陵和南阳郡的宛县是汉代仅有的一城内设双"官"的两座城市，宛城手工业十分发达，汉政府在此设工官、铁官，以冶铁业发展最为突出。

自战国起，宛的冶铁业即闻名全国，而后秦王政又迁魏国制铁名家孔氏入南阳，为南阳冶铁业注入新的活力。汉代，宛城制铁业更加发达，汉宛城内发现的汉瓦房庄冶铁遗址出现数座熔铁炉和大量铁器制品，从侧面印证了汉代宛城冶铁业的盛况。同时，通过考古发掘还在全国多个地区发现南阳郡制作的铁器，也说明汉代南阳郡制作的铁器通过便利的交通传至其他地区，并对当地的农业生活及铁器制作产生影响。

汉瓦房庄冶铁遗址面积达 12 万平方米，发掘区内发现熔铁炉 7 座、炒钢炉数座，还有烘范窑炉残迹，是一处以铁料及废旧铁器为原料的大型铸造兼炒钢、锻造的区域。瓦房庄冶铁遗址发现的热鼓风熔炉、空心熔炉座、水力传动鼓风机械、铁范铸造造型和叠铸技术、较大型退火脱碳炉等技术体现了当时南阳地区的先进生产力和新技术[2]（图三）。遗址中出土铁器包括农具、兵器、工具、生活用具等多个方面，种类多且数量大。这些铁器的出土一方面说明南阳汉代冶铁业惊人的产出数量，另一方面也说明铁器的使用在汉代宛城已经非常普遍。

除瓦房庄遗址外，南阳还发现了桐柏张畈冶铁遗址、桐柏铁炉村遗址、南召太山庙、草店冶铁遗址、方城赵河村冶铁遗址、镇平安国城铁范铁铸件遗址等。汉代南阳冶铁技术的革新和提高，提升了铁制品的质量和产量，大量的优质铁器不仅提升了南阳本地人们的生产、生活效率，更销至全国各地。据统计南阳郡是外销铁器最多的郡，其铁官向西南、东南、南部和西部等地区输出的铁器约占 103 个郡国的十分之一[3]。瓦房庄遗址出土"阳一"字样的犁铧模和六角缸模[4]，在陕西[5]、江西等地也发现带"阳二"铭文的铁器。"阳"即

[1]　刘新：《试论汉代南阳郡治宛城的历史地位——兼谈宛城在汉代丝绸之路上的作用》，《洛阳考古》2014 年第 4 期。

[2]　河南省文物研究所：《南阳北关瓦房庄汉代冶铁遗址发掘报告》，《华夏考古》1991 年第 1 期。

[3]　同 [1]。

[4]　同 [2]。

[5]　刘庆柱：《陕西永寿出土的汉代铁农具》，《农业考古》1982 年第 1 期。

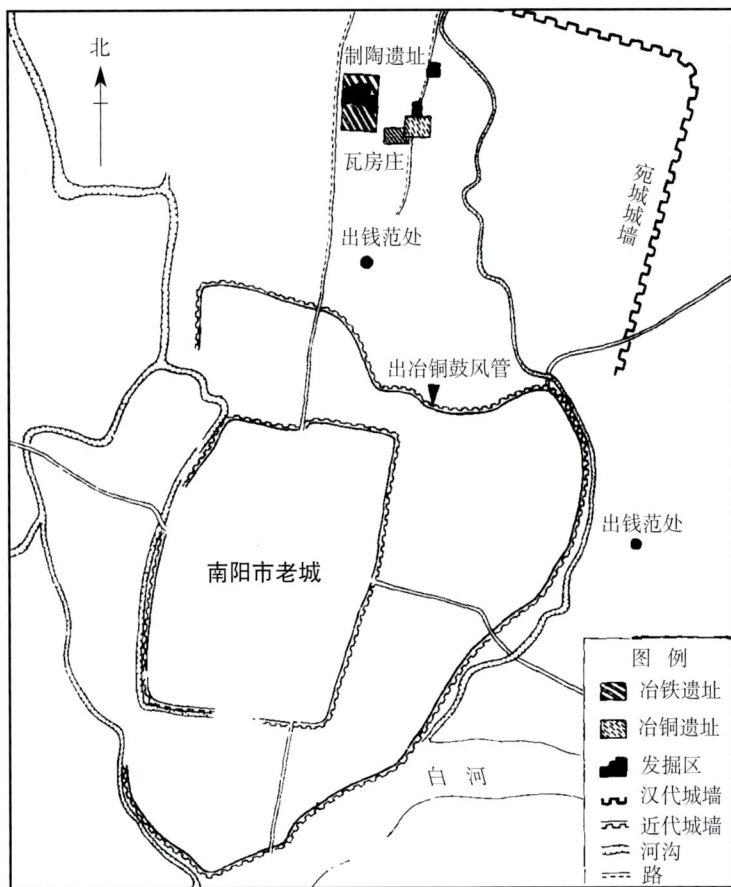

图三　瓦房庄遗址位置图

（采自河南省文物研究所：《南阳北关瓦房庄汉代冶铁遗址发掘报告》，《华夏考古》1991 年第 1 期）

南阳郡名的简称，"一""二"则是南阳郡铁官所属作坊的编号（图四）。

四　文化繁盛人才辈出

南都信佳丽，武阙横西关。白水真人居，万商罗廛闛。高楼对紫陌，甲第连青山。此地多英豪，邈然不可攀。

——唐·李白《南都行》

汉光武帝即位后，曾多次"幸宛"，有史记载的东汉皇帝回南阳祭祖次数多达 12 次，南阳也因此有"帝乡"之称[1]。此外，帝王对南阳青睐不仅促进了南阳政治、经济的发展，也引起了一阵文人墨客、行商坐贾游宛城、观帝乡的旅游风潮。

大量文人、商贾的到来，促进了宛文化、商品经济和歌舞宴乐的发展，有"驱车策驽马，

---

[1]　刘新：《试论汉代南阳郡治宛城的历史地位——兼谈宛城在汉代丝绸之路上的作用 》，《洛阳考古》2014 年第 4 期。

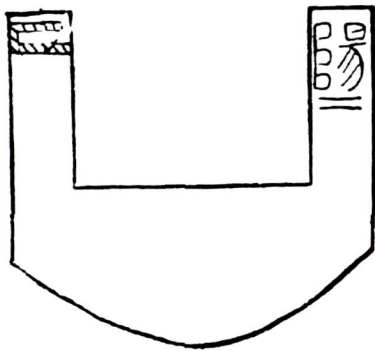

图四　陕西永寿出土带"阳二"字样铁锸线描图

图五　南阳新野县出土汉乐舞百戏画像砖拓片

游戏宛与洛"的诗句。南阳汉代出土画像石、画像砖中多有宴乐百戏场景（图五），既有建鼓舞、长袖舞、七盘舞等配合乐队伴奏的舞蹈，也有飞剑跳丸、倒立、弄壶、戏车等精彩杂技。如南阳市宛城区李相公庄出土的许阿瞿画像石，画面分上下两格，上格墓主人许阿瞿坐于榻上欣赏节目，下格则是艺人扣盘击节、飞剑跳丸、踏盘鼓而舞、弹琴吹箫等乐舞表演（图六），体现了汉代乐舞百戏表演"艺中有技，技中有艺"的特色。一方面展现了汉代南阳地区音乐文化艺术的繁盛情况，一方面也反映南阳人丰富多彩的娱乐生活。此外，"放犬走兔"即田猎，也是南阳人的娱乐方式之一。田猎是汉代贵族中流行的娱乐活动，可借助马匹、猎犬、弓矢等方式进行狩猎，并用田猎获取的猎物祭祀祖先。南阳汉画像石中就有狩猎图，表现当地贵族田猎场景（图七）。而南阳人对狗的驯养和喜爱不仅反映在田猎中，还有守犬、食犬等不同分类，这在汉代南阳地区出土的大量陶狗模型中均有体现。这些陶狗大小不一，形态多样，造型生动，被称为南阳一绝。

　　政治与经济的发展，促进了南阳地区文化的繁荣，名人辈出。南阳人张衡曾在《南都赋》中用"且其君子，弘懿明睿，允恭温良。容止可则，出言有章。进退屈伸，与时抑扬"

南都帝乡——宛

205

图六　南阳市宛城区李相公庄出土汉许阿瞿画像石拓片

图七　南阳英庄出土汉狩猎图画像石拓片

来形容南阳的人才。张衡不仅是文学家，写出了在汉代文学史中占据着重要地位的《二京赋》《四愁诗》《归田赋》等，还是著名的天文学家和发明家，有《浑天仪图注》《灵宪》《算罔论》等著作，在天文学、地震学、数学等方面取得了突破性的进展，被称为"科圣"。中国第一部理、法、方、药兼备的医学著作《伤寒杂病论》的作者，东汉著名医学家"医圣"张仲景同样出身南阳。著名的政治家、军事家、战略家、散文家、外交家诸葛亮也曾在南阳卧龙岗隐居十年，著名的三顾茅庐的故事就发生在此地。此外，为东汉立国做出巨大贡献的云台二十八将中的邓禹、贾复、马成等也出自南阳。南阳在两汉时期诞生了大批政治、科学和文化方面的人才，不愧于"宛为大都，士之渊薮"[1]之称。

南阳郡自然环境优越，物产丰富，交通便利，作为汉代南部开发的重要地区，郡治宛也是全国重要的政治、经济、文化区域。至东汉，南阳更是有了"帝乡"之称，成为王侯将相、达官贵族的聚集区，宛城也迎来历史进程中发展最为辉煌的时期，成为组成汉代繁荣城市经济体的重要都会。

---

[1]　〔南朝宋〕范晔：《后汉书》，中华书局，2012年，第1183页。

大郡之都

———————————○———————————

    汉宛城位于今南阳市辖区内，地处豫鄂陕三省交界处，有"四方水陆之利"和丰富的自然资源。两汉时，凭借优越的地理条件，加之铁农具的广泛使用，宛城的农业、畜牧业得到长足发展，"人民众、积蓄多"，为全国有名的"大郡之都"。东汉时，宛作为东汉光武帝起兵之地，备受优待，经济、文化空前繁荣，又有"南都""帝乡"之称。

陶宴乐俑

Pottery Figurines of Musicians

汉代（公元前 202—公元 220 年）
高 14.5—19 厘米，宽 9.5—12.8 厘米
征集
河南博物院
Han Dynasty (202B.C. — 220)
 Height:14.5-19cm, Width:9.5-12.8cm
Collected
Henan Museum

灰陶胎，模塑，兼绘朱、黑、白彩，
彩绘已基本脱落殆尽。整套乐俑基
本未做细节修饰，线条粗犷憨拙。
十三件陶俑皆为踞坐，身穿右衽长
衣，姿态各异，或吹排箫、吹埙，
或击鼓歌唱等，组成一副盛大的宴
乐场面。

黄釉陶楼

Yellow Glazed Pottery Tower

东汉（公元 25—220 年）
长 46 厘米，宽 24 厘米，高 64 厘米
河南省南阳市黄寨汉画像石墓出土
南阳市博物馆

Eastern Han Dynasty (25 — 220)
Length:46cm, Width:24cm, Height:64cm
Unearthed from Han Tomb with Pictorial Stone, Huang
Village, Nanyang City, Henan Province
Nanyang City Museum

平面呈长方形，前部为院落，后部为四层楼房。
陶楼为建筑明器，楼梯、梁柱、斗拱等结构刻
画精细，再现了汉代建筑的造型特征和建造技
巧，反映出当时社会的文化与风俗。

灰陶圈厕

Grey Pottery Pigpen and Toilet

西汉（公元前 202—公元 8 年）
长 37.3 厘米，宽 36.9 厘米，高 35 厘米
河南省南阳市蔡庄砖瓦厂 M85 出土
南阳市博物馆
Western Han Dynasty (202B.C. — 8)
Length:37.3cm, Width:36.9cm, Height:35cm
Unearthed from Caizhuang Brick and Tile Factory
Tomb No.85, Nanyang City, Henan Province
Nanyang City Museum

整体呈长方形，前有庭院，后有建筑，左侧为猪圈，右侧为厕所，内置一猪。这种猪圈与厕所相连的建造方式在汉代颇为普遍，双层的建筑结构有效利用了生活空间，同时也有利于资源的循环利用。厕所建在猪圈之上，有台阶供人上下。厕所内的便坑直通猪圈，猪粪可以用来积肥苗田，形成了完整的生态闭环，既节省了饲料和肥料的费用，也避免了处理粪便时造成的疾病传染。南阳地区大量汉代陶猪圈的发现，不仅体现了汉代南阳养猪业的繁荣，同时也是社会经济和生活文明发展水平的反映。

绳纹灰陶井圈

Pottery Well Curb

汉代（公元前 202—公元 220 年）
直径 79 厘米，厚 2.7 厘米，高 40 厘米
征集
南阳市博物馆
Han Dynasty (202B.C. — 220)
Diameter:79cm, Thickness:2.7cm, Height:40cm
Collected
Nanyang City Museum

井圈用于保护水井，可安放在井口，也可以由多节井圈自下而上相扣合连接安装在井壁，可防井口和井壁泥土坍塌淤积和污水注入，从而保持水源的洁净。水是生命之源，万物之根。而井作为取水的重要来源，自古便被视为与命脉一样重要。《史记正义》有"古者相聚汲水，有物便卖，因成市，故云市井"的记载。

灰陶执锸俑

Grey Pottery Figurines

汉代（公元前 202—公元 220 年）
高 29.3 厘米，宽 9 厘米，厚 8 厘米
河南省南阳市建东小区 M132 出土
南阳市博物馆
Han Dynasty (202B.C. — 220)
Height:29.3cm, Width:9cm, Thickness:8cm
Unearthed from Jiandong Community Tomb No.132,
Nanyang City, Henan Province
Nanyang City Museum

四件陶俑衣饰姿态基本相同，均呈立姿，右手持镰刀，左手持锸立于胸前。执锸俑成组出现，说明锸和镰刀均为汉代南阳常用的农作工具，印证了汉代南阳农业的兴盛。

熊足灰陶炙炉

Grey Pottery Oven

西汉（公元前 202—公元 8 年）

长 18.8 厘米，宽 9.4 厘米，高 8.1 厘米

河南省南阳市蔡庄砖瓦厂 M85 出土

南阳市博物馆

Western Han Dynasty (202B.C. － 8)

Length:18.8cm, Width:9.4cm, Height:8.1cm

Unearthed from Caizhuang Brick and Tile Factory

Tomb No.85, Nanyang City, Henan Province

Nanyang City Museum

炉体呈长方形，四面皆有长条形镂孔，其
下四足为熊足。

酱釉博山盖熊足陶鼎

Brown Glazed Pottery *Ding*（Food Container）

汉代（公元前 202 年—公元 220 年）

口径 19.8 厘米，腹径 22.8 厘米，高 26.3 厘米

河南省南阳市建东小区工地 M58 出土

南阳市博物馆

Han Dynasty (202B.C. － 220)

Mouth Diameter:19.8cm, Belly Diameter:22.8cm, Height:26.3cm

Unearthed from Jiandong Community Tomb No.58, Nanyang City, Henan Province

Nanyang City Museum

圆鼎有盖，双立耳，三熊足。博山炉式盖面上模印有骑马、骑狮、骑象人物和骆驼、马、牛、豹等内容。汉人认为熊力大又凶猛，可以辟邪，因此喜欢用熊作器物底座。而博山盖上出现的骑马、骑狮人物和骆驼等图像，则是研究汉代南阳对外交流的重要材料。

红陶杵臼

Red Pottery Mortar and Pestle

汉代（公元前 202—公元 220 年）
长 18 厘米，宽 9 厘米，高 10 厘米
征集
南阳市博物馆
Han Dynasty (202B.C. — 220)
Length:18cm, Width:9cm, Height:10cm
Collected
Nanyang City Museum

长方体，四面拱桥形足，有栏杆，为舂粮器。

酱釉熊足陶磨

Brown Glazed Pottery *Mo* （Grinding Tool）

东汉（公元 25—220 年）
直径 20 厘米，高 14 厘米
河南省南阳市蒲山马寨村出土
南阳市博物馆
Eastern Han Dynasty (25 — 220)
Diameter:20cm, Height:14cm
Unearthed from Mazhai Village, Pushan, Nanyang City,
Henan Province
Nanyang City Museum

磨盘为圆形，由上扇、下扇、磨盘和三足四部
分组成。该器为模制而成，做工精细。

酱釉熊足陶方盘磨

Brown Glazed Pottery *Mo* (Grinding Tool)

东汉（公元 25—220 年）
长 22 厘米，高 17 厘米
征集
南阳市博物馆
Eastern Han Dynasty (25 — 220)
Length:22cm, Height:17cm
Collected
Nanyang City Museum

磨盘呈方形，由上扇、下扇、磨盘和四足
四部分组成。该器为模制而成。

列备五都——秦汉时期的中国都市

灰陶鸡

Grey Pottery Cock

汉代（公元前 202—公元 220 年）
长 10 厘米，宽 4 厘米，高 8 厘米
河南省南阳市房地产开发公司 M6 出土
南阳市博物馆
Han Dynasty (202B.C. — 220)
Length:10cm, Width:4cm, Height:8cm
Unearthed from Real Estate Development Company
Tomb No.6, Nanyang City, Henan Province
Nanyang City Museum

陶鸡呈站立姿态，翅膀回收，冠部、翅膀、尾
部刻画较为细致，尾部翘起。

灰陶鸡

Grey Pottery Cock

汉代（公元前 202—公元 220 年）
长 9 厘米，宽 5.2 厘米，高 8.3 厘米
河南省南阳市房地产开发公司 M6 出土
南阳市博物馆
Han Dynasty (202B.C. − 220)
Length:9cm, Width:5.2cm, Height:8.3cm
Unearthed from Real Estate Development Company
Tomb No.6, Nanyang City, Henan Province
Nanyang City Museum

陶鸡呈站立姿态，翅膀回收，冠部、翅膀、尾部刻画较为细致，尾部翘起。

陶羊

Pottery Sheep

汉代（公元前 202—公元 220 年）
长 15 厘米，宽 5 厘米，高 9.5 厘米
调拨
南阳市博物馆
Han Dynasty (202B.C. − 220)
Length:15cm, Width:5cm, Height:9.5cm
Allocated
Nanyang City Museum

陶羊呈立姿，两角略有磨损，尾部下垂。

红釉陶狗

Red Glazed Pottery Dog

东汉（公元 25—220 年）
长 32 厘米，宽 18 厘米，高 35 厘米
河南省南阳市五〇八厂 M2 出土
南阳市博物馆
Eastern Han Dynasty（25 － 220）
Length:32cm, Width:18cm, Height:35cm
Unearthed from 508 Factory Tomb No.2, Nanyang City,
Henan Province
Nanyang City Museum

红釉陶狗

Red Glazed Pottery Dog

东汉（公元 25—220 年）

长 35 厘米，宽 13.4 厘米，高 29 厘米

河南省南阳市五〇八厂 M2 出土

南阳市博物馆

Eastern Han Dynasty (25 — 220)

Length:35cm, Width:13.4cm, Height:29cm

Unearthed from 508 Factory Tomb No.2, Nanyang City, Henan Province

Nanyang City Museum

陶狗呈站立姿势，有颈圈及腹圈，昂首向前，张嘴作吠状，造型生动逼真。汉代南阳人对狗也极为喜爱，不仅汉画像石中多有对狗的刻画，南阳地区汉墓中还出土大量陶狗模型，以出土数量大、种类多、造型别致著称于世，具有浓郁的生活气息和独特的艺术感染力。雕塑方法有手工捏塑、模制及模制与手工捏塑相结合等多种方式。南阳汉墓出土的陶狗，与南阳汉画像石、汉画像砖一起，被称为南阳文物中的"三宝"。

漆衣陶壶

Lacquered Pottery Pots

西汉（公元前 202—公元 8 年）

腹径 17.3 厘米，底径 9.2 厘米，高 22 厘米

河南省南阳市麒麟岗 M8 出土

南阳市博物馆

Western Han Dynasty (202B.C. — 8)

Belly Diameter:17.3cm, Bottom Diameter:9.2cm, Height:22cm

Unearthed from Qilin Hummock Tomb No.8, Nanyang City, Henan Province

Nanyang City Museum

两件壶有盖，敞口，口下斜收，束颈，溜肩，鼓腹，腹下渐收，假圈足。肩部两侧饰兽面纹。漆衣陶壶是用漆装饰的陶壶，流行于商周至汉代，既美观，又可减少陶器的吸水性。

南都帝乡——宛

牛虎斗画像砖

Pictorial Brick with Cattle and Tiger Scene

汉代（公元前202—公元220年）
长109.5厘米，高40厘米，厚15厘米
调拨
南阳市博物馆
Han Dynasty (202B.C. － 220)
Length:109.5cm, Height:40cm, Thickness:15cm
Allocated
Nanyang City Museum

画像砖中部右边一虎张开大口，舞动前爪，向前方的牛作扑状。左边牛低头曲颈，双角向虎作抵挡状。两侧为刻有云龙图案的双阙。画面生动形象，充满张力，可能展现的是当时流行的斗兽娱乐。牛在南阳地区有十分重要的地位，南阳有着悠久的养牛历史，春秋时期就已进入了舍饲、圈养阶段，名相百里奚就曾在南阳以养牛为生。汉代南阳养牛业发达，为南阳农业迅速进入牛耕时代奠定了坚实的基础。

冶炼重镇

自战国起，宛城冶铁业即闻名全国，有"宛钜铁
鉇，惨如蜂虿"一说。而后秦王政又迁魏国制铁名家
孔氏入南阳，为南阳冶铁业注入新的活力。汉代，宛
城制铁业更加发达，汉宛城范围内的汉瓦房庄冶铁遗
址发现的数座熔铁炉和大量铁器制品，实证了汉代宛
城冶铁业的盛况。

陶范及铁器均出土于南阳汉宛城区内，其中大部分出土于汉瓦房庄冶铁遗址。遗址面积达 12 万平方米，发掘区内发现熔铁炉 7 座、炒钢炉数座，还有烘范窑的残迹，是一处以铁料及废旧铁器为原料的大型铸造兼炒钢、锻造的区域。遗迹中发现大量陶范及铁器，包括农具、兵器、生活用具等，不仅是汉代南阳地区高超的冶铁技术和惊人产出数量的实证，也从侧面反映当时铁器已融入南阳地区的生产、生活中。

红陶车饰范

Red Pottery Mould of Chariot Component

西汉（公元前 202—公元 8 年）
长 10.5 厘米，宽 5.4 厘米，厚 2.3 厘米
南阳市十里庙砖瓦厂出土
南阳市博物馆
Western Han Dynasty (202B.C. — 8)
Length:10.5cm, Width:5.4cm, Thickness:2.3cm
Unearthed from Shilimiao Brick and Tile Factory,
Nanyang City, Henan Province
Nanyang City Museum

酱陶锤范

Brown Pottery Mould of Hammer

西汉（公元前 202—公元 8 年）
长 24.5 厘米，宽 20.5 厘米，厚 10.7 厘米
河南省南阳市瓦房庄冶铁遗址出土
南阳市博物馆
Western Han Dynasty (202B.C. — 8)
Length:24.5cm, Width:20.5cm, Thickness:10.7cm
Unearthed from Wafangzhuang Metallurgical Site,
Nanyang City, Henan Province
Nanyang City Museum

列备五都——秦汉时期的中国都市

红陶车害范

Red Pottery Mould of Chariot Component

汉代（公元前 202—公元 220 年）
长 8 厘米，宽 6.5 厘米，厚 3.8 厘米
河南省南阳市瓦房庄冶铁遗址出土
南阳市博物馆

Han Dynasty (202B.C. － 220)
Length:8cm, Width:6.5cm, Thickness:3.8cm
Unearthed from Wafangzhuang Metallurgical
Site, Nanyang City, Henan Province
Nanyang City Museum

灰陶盖弓帽范

Grey Pottery Mould of Chariot Component

汉代（公元前 202—公元 220 年）
长 6.6 厘米，宽 3.7 厘米，厚 1.4 厘米
河南省南阳市瓦房庄冶铁遗址出土
南阳市博物馆

Han Dynasty (202B.C. － 220)
Length:6.6cm, Width:3.7cm, Thickness:1.4cm
Unearthed from Wafangzhuang Metallurgical Site,
Nanyang City, Henan Province
Nanyang City Museum

灰陶车饰范

Grey Pottery Mould of Chariot Component

汉代（公元前 202—公元 220 年）
长 11.5 厘米，宽 4.8 厘米，厚 2.5 厘米
河南省南阳市瓦房庄冶铁遗址出土
南阳市博物馆

Han Dynasty (202B.C. － 220)
Length:11.5cm, Width:4.8cm, Thickness:2.5cm
Unearthed from Wafangzhuang Metallurgical Site,
Nanyang City, Henan Province
Nanyang City Museum

铁犁铧

Iron Plowshare

汉代（公元前 202 年—公元 220 年）
长 21.5 厘米，宽 10 厘米，高 11 厘米
河南省南阳市瓦房庄冶铁遗址出土
南阳市博物馆

Han Dynasty (202B.C. － 220)
Length:21.5cm, Width:10cm, Height:11cm
Unearthed from Wafangzhuang Metallurgical Site,
Nanyang City, Henan Province
Nanyang City Museum

铁锤

Iron Hammer

汉代（公元前 202—公元 220 年）
直径 4.5 厘米，残高 8 厘米
河南省南阳市瓦房庄冶铁遗址出土
南阳市博物馆

Han Dynasty (202B.C. － 220)
Diameter:4.5cm, Imperfect Height:8cm
Unearthed from Wafangzhuang Metallurgical Site,
Nanyang City, Henan Province
Nanyang City Museum

铁铲

Iron Shovel

汉代（公元前 202—公元 220 年）
长 13.5 厘米，宽 9.5 厘米，高 2 厘米
河南省南阳市瓦房庄冶铁遗址出土
南阳市博物馆

Han Dynasty (202B.C. － 220)
Length:13.5cm, Width:9.5cm, Height:2cm
Unearthed from Wafangzhuang Metallurgical Site,
Nanyang City, Henan Province
Nanyang City Museum

铁镢

Iron Ware

汉代（公元前 202—公元 220 年）
残长 13 厘米，宽 8 厘米，高 3.5 厘米
河南省南阳市瓦房庄冶铁遗址出土
南阳市博物馆

Han Dynasty (202B.C. － 220)
Imperfect Length:13cm, Width:8cm, Height:3.5cm
Unearthed from Wafangzhuang Metallurgical Site,
Nanyang City, Henan Province
Nanyang City Museum

铁截子

Iron Ware

汉代（公元前 202—公元 220 年）
长 13 厘米，宽 15 厘米，高 3 厘米
河南省南阳市瓦房庄冶铁遗址出土
南阳市博物馆
Han Dynasty (202B.C. － 220)
Length:13cm, Width:15cm, Height:3cm
Unearthed from Wafangzhuang Metallurgical Site,
Nanyang City, Henan Province
Nanyang City Museum

五足铁火盆

Iron Pot with Five-supports

汉代（公元前 202—公元 220 年）
口径 45.5 厘米，高 16.5 厘米
征集
南阳市博物馆
Han Dynasty (202B.C. — 220)
Mouth Diameter:45.5cm, Height:16.5cm
Collected
Nanyang City Museum

敞口外撇，平底，五足，一足残缺。火盆
主要用于取暖或烘干衣物。

铁犁铧

Iron Plowshare

汉代（公元前 202—公元 220 年）
长 29 厘米，宽 24 厘米，高 9.5 厘米
征集
南阳市博物馆
Han Dynasty (202B.C. — 220)
Length:29cm, Width:24cm, Height:9.5cm
Collected
Nanyang City Museum

犁铧整体略呈三角形，弧形刃，中间起脊，
形成分土的两坡式，平底，后为三角形銎孔。

铜五铢阴文钱范

Bronze Coin Mould

西汉（公元前 202—公元 8 年）
长 22 厘米，宽 7.3 厘米，厚 0.4 厘米
调拨
南阳市博物馆
Western Han Dynasty (202B.C. 一 8)
Length:22cm, Width:7.3cm, Thickness:0.4cm
Allocated
Nanyang City Museum
钱范为长方形有柄子范，范面较窄，两侧上部
有磨损，直流分铸工艺。内铸两行钱模共12枚，
钱模外侧刻三角纹，字形结构严整。

铜货泉母范

Bronze Coin Mould

新莽（公元 8—23 年）
长 11.8 厘米，宽 8 厘米
河南省南阳市蛮子庄大庄出土
南阳市博物馆
XinMang (8 — 23)
Length:11.8cm, Width:8cm
Unearthed from Manzi Village and Da Village, Nanyang
City, Henan Province
Nanyang City Museum

平面为椭圆形，周有边框，范内边沿处有子母榫。
钱范中心有凸起圆柱，支槽通模，正背面各 4 枚
钱模。货泉是王莽天凤元年（公元 14 年）第四
次货币改制的产物，从天凤元年起一直流通至东
汉建武十六年（公元 40 年）。

铜大泉五十钱范

Bronze Coin Mould

新莽（公元 8—23 年）
边长 8.3 厘米
河南省南阳市东关安庄村出土
南阳市博物馆
XinMang（8 － 23）
Side Length:8.3cm
Unearthed from Dongguan Anzhuang Village,
Nanyang City, Henan Province
Nanyang City Museum

该钱范为青铜铸造，平面为倭角正方形，
周边有框，范内边沿处有子母榫，中间
有平顶圆柱，有钱模四枚，正背各二，
钱文为阳文正书"大泉五十"。"大泉
五十"钱币铸行于王莽居摄二年（公元
7 年）第一次币制变革时期，是王莽新
朝货币中流通时间最长、铸量最大的货
币，铸行时间有 13 年。

"一刀平五千"铜刀币

Bronze Copper with Characters of "一刀平五千"

新莽（公元 8—23 年）
长 7.4 厘米，厚 0.4 厘米
征集
南阳市博物馆
XinMang（8 － 23）
Length:7.4cm, Thickness:0.4cm
Collected
Nanyang City Museum

刀币分为环柄和刀身两部分，环柄为一方孔圆钱，环文
上曰"一"，下曰"刀"，字为阴刻，字陷处填以黄金，
并且加以打磨，使字面与钱面平齐，因此又被称为"金
错刀"。刀身上铸有阳文"平五千"三字，其中"平"
是"值"的意思，即表示一枚刀币价值等于五千，是中
国古代所有金属流通货币中面值最大的钱。"金错刀"
铸造工艺非常精湛，币面铭文书写流畅，气势生动，毫
不呆滞，承袭了战国时期币面铭文"一笔过"的特征，
深厚质朴的篆隶之意与厚重笃实的钱体浑然一体。历代
钱币收藏家都以拥有金错刀而自豪，将其誉为"钱绝"。

铜鼎

Bronze *Ding* (Food Container)

西汉（公元前 202—公元 8 年）
口径 13.3 厘米，腹径 19.1 厘米，通高 17 厘米
征集
南阳市博物馆
Western Han Dynasty (202B.C. － 8)
Mouth Diameter:13.3cm, Belly Diameter:19.1cm, Total Height:17cm
Collected
Nanyang City Museum

圆鼎，有弧形盖，盖上有三个空心圆钮，子母口，方立耳，三足。
素面，腹上刻"邓，十一斤一两，容一斗一升"十一字。

鸭形铜熏炉

Bronze Duck-shaped Censer

汉代（公元前 202—公元 220 年）

长 15.5 厘米，宽 9 厘米，高 14.5 厘米

河南省南阳市麒麟岗出土

南阳市博物馆

Han Dynasty (202B.C. － 220)

Length:15.5cm, Width:9cm, Height:14.5cm

Unearthed from Qilin Hummock, Nanyang City, Henan Province

Nanyang City Museum

炉身作立鸭形，额顶刻有羽纹，引颈向天，鸭腔中空，鸭背雕空作盖，饰透雕缠绕卷云纹。这件熏炉为实用器，用于熏香和取暖，其制作精良，造型精美、有趣，是实用与美的巧妙结合。

铜长颈壶

Bronze Long-neck Pot

东汉（公元 25—220 年）

口径 4.3 厘米，腹径 15 厘米，底径 11.1 厘米，高 28 厘米

河南省南阳市麒麟岗出土

南阳市博物馆

Eastern Han Dynasty (25 － 220)

Mouth Diameter:4.3cm, Belly Diameter:15cm, Bottom Diameter:11.1cm, Height:28cm

Unearthed from Qilin Hummock, Nanyang City, Henan Province

Nanyang City Museum

圆唇，长直颈，肩部三圈凸棱，扁鼓腹，腹部有一小孔，高圈足。从颈部至圈足均有纹饰，以几何形条带状纹饰作为间隔分为五个部分，中间装饰鸟兽图案。

天府之国——成都

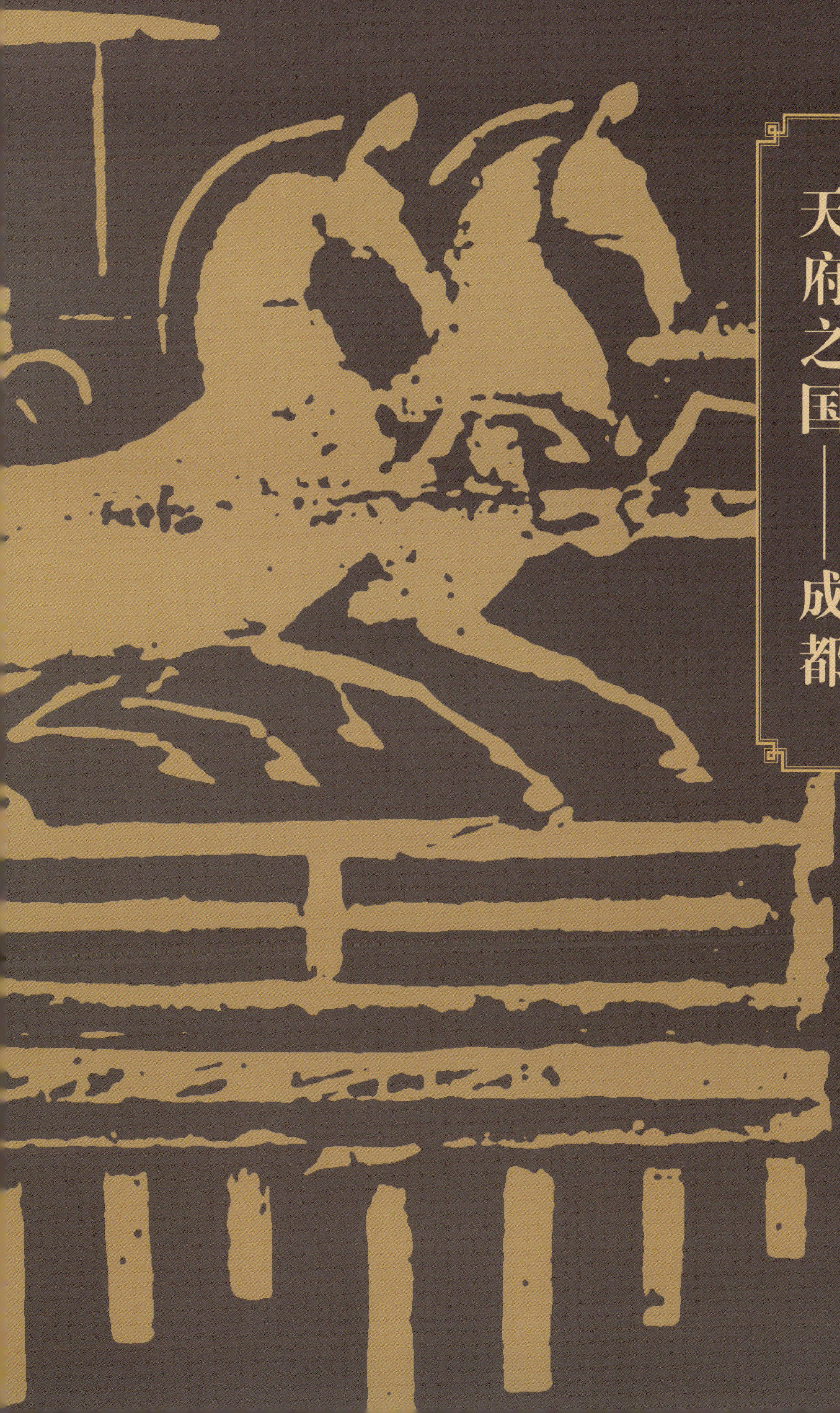

成都位于群山环绕的"金盆地"底部，具有得天独厚的自然资源，八方族群汇聚于此，生活在这里的先民曾创造了神秘而璀璨的古蜀文明。成都平原上分布着众多早期文明城址。秦汉时期，张仪与张若筑成都城，与咸阳同制。李冰修都江堰，使成都"水旱从人，不知饥馑"。至汉武帝经略西南，扩筑成都城，成都工商业繁荣兴盛，蜀郡制造行销海内外。同时，秦汉大规模移民入蜀和南北丝绸之路的开通，使成都城市经济快速发展，对外交流空前频繁，形成了以汉文化为主体而又多元融汇的城市新格局。秦汉时期的成都物阜民丰，繁荣鼎盛，成为世所公认的"天府之国"。

一 都江堰水利工程奠定城市发展基础

沃野千里，号为"陆海"。旱则引水浸润，雨则杜塞水门，故记曰：水旱从人，不知饥馑，时无荒年，天下谓之"天府"也。

——东晋·常璩《华阳国志·蜀志》

城市是大量人口聚居的地方，而水源则是城市选址与建设中最为重要的因素之一。《管子·乘马》中对于国都选址有这样的阐述："凡立国都，非于大山之下，必于广川之上。高毋近旱，而水用足；下毋近水，而沟防省。"它传达出早期城市规划的朴素观念——城市需要与水源保持适当的距离，一方面满足生产生活用水的需要，一方面避免潮湿低洼及水患灾害。除此之外，水系对于一座城市而言，还有自然防御、交通运输等不同的作用。因此，纵观我国古代的城池，均选址于江河湖海之滨，或有河流绕城而行，或有水系穿城而过。水，对一个城市的发展与繁荣乃至毁灭都有着至关重要的作用[1]。位于成都平原腹地的成都，其城市发展与水的关系亦密不可分。

考古发现表明，约4500年前的宝墩文化时期，成都平原城址密集，分布于岷江及其支流两岸台地，城内地面高于城外，利用地势沿台地边缘筑垣。城址附近均有河流，城址方向多与河流平行（图一）。宝墩古城发现有带有防洪功能的夯筑城墙与穿城而过的古河道，温江区红桥村发现有约4000年前使用卵石护岸的遗迹，金沙遗址发现有约当商、西周时期有笼络痕迹的防洪护坡的卵石埂。这些水利遗迹均表明，在这一时期，防洪抗洪是人们生活的一个重要主题[2]。先秦时，或许是受到洪水、河流改道等水文变迁因素的影响，古蜀文

---

[1] 张驭寰：《中国城池史》，百花文艺出版社，2003年，第391页。

[2] 黄晓枫、魏敏：《成都平原先秦时期的水工遗产与古蜀文明进程》，《中华文化论坛》2014年第2期。

图一　成都平原史前城址群

明的中心屡有更替。从古文献的记载看，商周至战国，广汉、新都、郫、广都等地均做过成都平原的政治中心。至战国晚期，这一政治中心逐渐转移到了今天成都城市所在范围。公元前316年，秦并巴蜀，大力推广郡县制，以成都作为蜀郡中心，新筑城邑。公元前310年，张仪与张若以都城咸阳为蓝本，修筑了大城、少城，但此时的成都城仍经常受到洪水及暴雨的影响，城墙"屡皆倾侧""累筑不利"。

至公元前256年，作为第三任蜀郡郡守，"能知天文地理""识察水脉"的李冰为了加速蜀地的开发建设，将蜀地传统的治水技术与北方水利技术结合，设计和主持修建了都江堰。这一大型水利工程包括以分水防洪为主的渠首工程和以航运灌溉为主的二江工程两大主体部分，以及文井江工程、导洛、治绵等附属工程，是一个科学而完整的水利工程体系。其中，渠首分水工程位于岷江干流由峡谷进入成都平原的起点，由鱼嘴、宝瓶口、飞沙堰三大核心工程构成。岷江经无坝分水、引水堤鱼嘴后被分为内外两江，内江的水经飞沙堰泄洪排沙，流入宝瓶口，再经过各个水闸、水渠，顺应西北高东南低的倾斜地势，形成自流灌溉渠系。鱼嘴、宝瓶口、飞沙堰三大工程，彼此配合，相辅相成，充分发挥了引水、分流、排沙、泄洪的功能，从根本上消除了成都平原的洪涝灾害，也使成都城市安居于成都平原的腹心，成为全国罕见的中心位置沿用不变的大型城市[1]。

---

[1]　黄晓枫、龚小雪、魏敏：《都江堰——惠泽千秋的水工遗产》，《中国文化遗产》2011年第6期。

图二　成都天府广场东北侧古遗址出土秦汉石犀

今成都城市中心区域的汉代遗存中不仅发现了大型夯土台基，排水沟的规模也较大，同时还出土了数量众多的涂朱瓦当、铺地砖等高等级建筑材料，更见有石质功德碑（裴君碑、李君碑）、石犀（图二）等大型建筑物附属的纪念性设施。这些考古遗存说明这里的遗址性质应与当时的衙署府治或宫室殿宇等密切相关，属于大城之内的高等级或核心建筑区[1]。有学者推断该区域即为东汉时期蜀郡郡府所在地。而《华阳国志》中有李冰"作石犀五头以厌水精"[2] 的记载，也说明石犀可能就是与李冰治水有关的遗存。

在修建渠首工程的同时，为了保证成都平原的灌溉和航运，李冰还将成都"二江"（检江、郫江）作为都江堰渠系工程的主要水道，对其进行了大规模的整治和疏导。二江得到浚疏后，水量大增，不仅为成都居民提供了稳定且充沛的水源，同时也可以行船，使成都与长江中下游建立了直接的水上交通运输。两江水运改变了成都地理位置较为闭塞的劣势，极大地促进了成都与外部的经济、文化交流。

此外，二江工程也重塑了成都的城市内部空间格局。李冰疏浚天然水道，使郫、检两江在成都城南自西向东并行，在城东南折而南行，为农业、手工业的发展提供了稳定而充沛的水源。李冰又建造七座桥梁，并开凿人工河"石犀溪"联通二江，将城内的"市"南移到"二江"之间及检江南岸，使成都城内外水陆交通大为便捷，秩序井然，奠定了成都城市 600 余年"二江珥市"的城市格局[3]。

李冰之后，在历任郡守的建设与整修下，都江堰渠首工程不断完善，以二江工程为核

[1]　成都文物考古研究院：《成都天府广场东北侧古遗址考古发掘报告》，《文物》2017 年第 1 期。

[2]　〔东晋〕常璩撰、任乃强校注：《华阳国志校补图注》，上海古籍出版社，1987 年，第 133 页。

[3]　《成都通史》编纂委员会：《成都通史》卷二《秦汉三国（蜀汉）时期》，四川人民出版社，2011 年，第 96—97 页。

列备五都——秦汉时期的中国都市

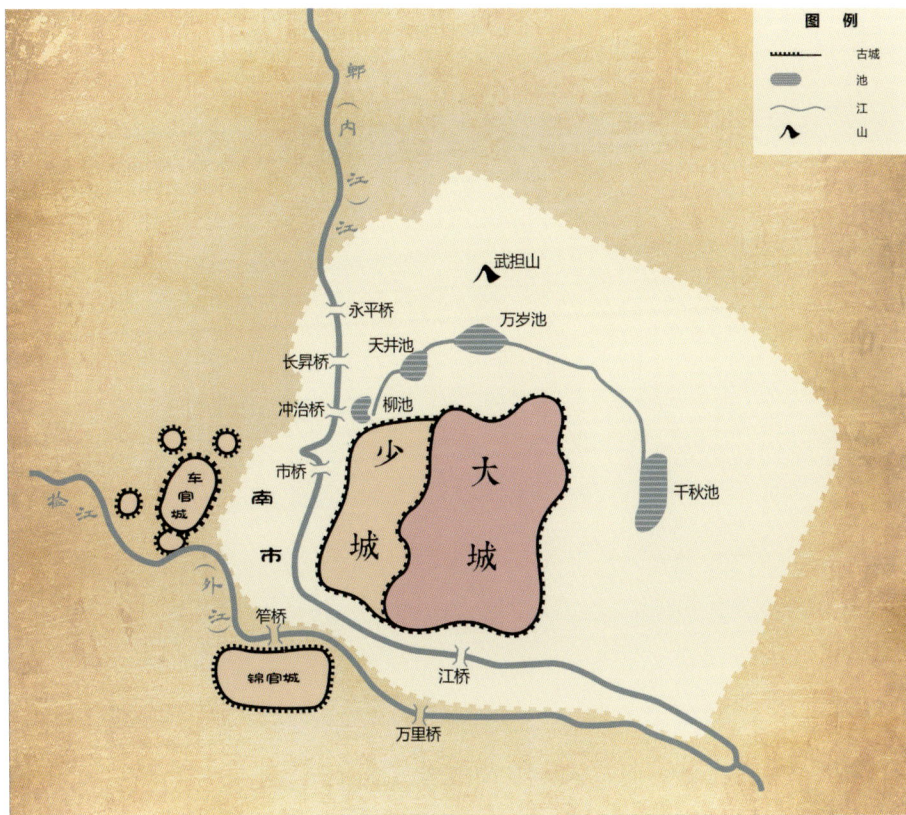

图三　汉代成都示意图

〔据《成都通史》卷二《秦汉三国（蜀汉）时期》图1-16《汉武帝时扩建成都城略图》改绘〕

心的渠系不断发展，在成都平原形成了纵横交错的灌溉渠系。司马迁《史记·河渠志》记载："蜀守冰凿离碓，辟沫水之害，穿二江成都之中。此渠皆可行舟，有余则用溉浸，百姓飨其利。至于所过，往往引其水益用溉田畴之渠，以万亿计，然莫足数也。"自此，成都平原逐渐成为具有灌溉、行洪、航运等多重效益的经济区，奠定了它作为西南经济、政治、文化中心的历史地位。

　　至西汉中期，汉武帝以成都为中心开发西南夷，下令将秦城包括在内扩筑成都城。城市向北、向东大规模扩展，手工业区则移至城西。在布局上则保留了里坊制的基本特征。此次重筑后，成都城内共四百余里，人口达76256户，仅次于首都长安的80800户，跃升为全国第二大城邑[1]。扬雄《蜀都赋》中"尔乃其都门二九，四百余闾。两江珥其市，九桥带其流"的描述，印证了成都在汉代成为规模宏大、熙来攘往、城市景观优美的崇丽都会（图三）。

———————————

[1]　《成都通史》编纂委员会：《成都通史》卷二《秦汉三国（蜀汉）时期》，四川人民出版社，2011年，第81—83页。

二　城市工商业的高度发展

市廛所会，万商之渊。列隧百重，罗肆巨千。贿货山积，纤丽星繁。都人士女，
祓服靓妆。贾贸墆鬻，舛错纵横。异物崛诡，奇于八方。……喧哗鼎沸，则呧聒宇宙；
嚣尘张天，则埃壒曜灵。

——西晋·左思《蜀都赋》

司马迁在《史记·货殖列传》中写道："巴蜀亦沃野，地饶卮、姜、丹沙、石、铜、
铁、竹、木之器。"位于四川盆地腹地的成都平原，气候温湿，物产丰饶，自古就是沃野
之土。在先秦时期，成都平原的冶铜、制漆、制陶等手工业已取得了一定发展。都江堰水
利工程建成以后，自流灌溉、铁农具与牛耕的出现和普及，使成都平原耕地面积迅速扩大，
农业生产力大幅提高。以水稻为主产的成都平原，甚至成为秦汉时期全国最重要的粮仓之一。
农业的飞跃式发展为成都工商业的繁荣奠定了雄厚的物质基础。

工官的设置也使当时成都地区的手工业生产得到了空前发展。秦汉时期，中央政府相
继在成都设立了大型的官营作坊，负责兵器、车马、漆器、铜器等品类的生产，产品主要
供皇室及官府使用（图四、图五）。成都是全国著名的三大官营手工业基地之一。蜀郡工
官是汉代最早设立的工官之一，兴盛于西汉中期至东汉中期，因位于城西，又称"蜀西工"，

图四　故宫博物院藏东汉建武廿一年
"蜀郡西工造"铜樽与承旋

图五　甘肃武威磨嘴子汉墓出土
东汉铜釦兽纹漆钵

其工匠总人数最多时达万人以上，规模远大于秦代位于城东的蜀"东工"[1]。在官营作坊的大量投入和管理下，冶铜、制漆这类蜀地传统手工业进一步发展，工艺水平和产品质量全国领先。目前所见蜀郡制作铜器多带有"乘舆"铭文，应为专供皇帝御用之器，其设计制作精良，常用鎏金或鎏银工艺，代表了当时铜器制作的最高水准。以"釦器"为代表的名贵官营漆器，不计成本，"一杯棬用百人之力"[2]，其工艺水平也达到同时代顶峰。

同样迎来了发展高峰的还有成都的纺织业。汉代，成都是当时全国最重要的丝绸生产与集散中心之一，纺织技术世界领先。"二江"两岸分布着官营和私营的规模不一的织锦作坊，章彩绮丽的蜀锦等丝绸产品成为朝廷贡品和重要的外销产品。西汉扬雄《蜀都赋》赞曰："若挥锦布绣，望芒兮无幅。尔乃自造奇锦，……发文扬采，转代无穷。"

图六　云南昭通出土汉代"蜀郡"铁锸　图七　贵州赫章可乐出土东汉"武阳传舍比二"铁炉

除了传统的手工业外，随着中原文化技术的传入，还兴起了冶铁这样的新兴手工业。秦政府在蜀郡设置铁官，鼓励私营，蜀地冶铁业迅速发展，成为西南地区主要的铁器制造基地（图六、图七）。汉承秦制，在成都及周边的临邛（今邛崃）、南安（今乐山）和武阳（今彭山）设置铁官，成都平原冶铁工业繁荣，冶铁水平领先全国。至西汉中期，成都的铁器已在生产生活中全面普及，极大地促进了各个生产生活领域的发展[3]。

两汉时期百工兴旺，百业繁荣。同时，随着秦汉时期巴蜀地区同西南各地及中原地区的交往范围不断扩展，成都的对外商贸也空前繁盛。从考古发现来看，带有"蜀郡工官""蜀郡西工""蜀郡"铭文的汉代成都产品在全国各地均有出土[4]，表明锦、漆、铜、铁等成都制造的商品已行销到全国各地乃至外邦，成都在两汉时期可谓名副其实的工商业大都会（图八）。

[1]　罗开玉：《从出土文物看秦汉三国时期蜀郡工室、工官》，《长江文明》2010年第3期。
[2]　〔西汉〕桓宽：《盐铁论·散不足第二十九》，陈桐生译注，中华书局，2015年，第329页。
[3]　罗开玉：《秦汉三国时期冶铁革命与"天府之国"的建成》，《长江文明》2010年第3期。
[4]　白云翔：《汉代"蜀郡西工造"的考古学论述》，《四川文物》2014年第6期。

图八 四川成都新都出土东汉市肆画像砖拓片

三 民族融合与文化繁荣

> 吉日良辰，置酒高堂，以御嘉宾。金罍中坐，肴馥四陈。觞以清醥，鲜以紫
> 鳞。羽爵执竞，丝竹乃发。巴姬弹弦，汉女击节。起西音于促柱，歌江上之飏厉。
> 纤长袖而屡舞，翩跹跹以蹮蹮。合樽促席，引满相罚。乐饮今夕，一醉累月。
>
> ——西晋·左思《蜀都赋》

　　成都平原位于青藏高原至长江中下游平原的过渡地带，自古以来民族众多，迁徙频繁，交往密切。八方族群于此融汇，共同创造了辉煌的古蜀文明。新石器时代晚期，成都平原的区域性考古学文化——宝墩文化的史前城址群，表明成都平原是长江上游的文明起源中心。夏商至西周时期，三星堆文化与十二桥文化前后相继，三星堆遗址与金沙遗址出土的大量高等级青铜器、金器、玉器等礼器尽显古蜀王都的巍然气象与古蜀文明的神秘璀璨。正是在与周边文化的不断交流、碰撞与融合中，蜀文化逐步发展壮大。至动荡与变革并存的战国时期，各国之间的交往空前频繁，蜀与周边国家亦因战事、商贸而联系密切。成都平原的战国考古遗存中除典型的巴蜀文化器物之外，还发现了楚文化、秦文化以及中原文化因素的大量存在[1]。秦并巴蜀后，蜀地成为秦国的郡县之一，秦惠文王因蜀地"戎伯尚强，乃移秦民万家实之"[2]，由六国百姓、豪户与罪犯俘虏构成的移民沿金牛道大量入蜀（图九）。

---

[1] 李明斌：《成都地区战国考古学遗存初步研究》，《成都考古研究》2009年。

[2] 〔东晋〕常璩撰、任乃强校注：《华阳国志校补图注》，上海古籍出版社，1987年，第128页。

在四川盆地北缘青川郝家坪、昭化大坪子，盆地西南缘荥经曾家沟、古城坪和盆地腹心的成都龙泉驿均发现有战国时期的移民墓，与同时期的巴蜀墓葬风格迥异。这些墓葬的主人大部分为秦移民或楚移民，他们在蜀地采取了聚居的形式，因此墓地较为集中。从随葬品和墓葬形制可以看出，外来移民与蜀地本土文化间的融合在不断加深[1]。这些入蜀移民不仅是开发西蜀地区的重要劳动力，而且带来了中原地区和长江中游荆楚地区的先进文化和技术，如迁徙到临邛地区，因冶铁而致富的卓氏和程郑式就分别来自赵国和山东地区。此次移民运动自秦延续至西汉晚期，历时三百余年，是我国历史上最早，持续时间最长，规模最大，对边疆和民族地区开发效果最为显著，影响最为深远的一场移民运动。成都自此成为一座典型的移民城市，文化融合与城市发展的进程也开始加快。

图九　金牛道路线示意图

至西汉中期，汉武帝以成都为根据地不断对西南地区进行开发建设，成都从巴蜀的中心上升为西南地区的中心。再加上西汉时期丝绸之路的开通，成都的对外交流空前频繁，大量人口涌入成都，加速了成都的城市发展。从考古发现来看，这一时期遍布四川境内的巴蜀式墓葬及楚墓逐渐消失，随葬各种汉文化器物的土坑木椁墓则成为主流。到东汉时期，汉文化的砖室墓和崖墓成为主要的考古学遗存，巴蜀式的随葬器物组合以及巴蜀式墓葬已基本消失殆尽。这切实表明，成都平原外来移民及其后裔已经在汉代与原住民深度融合，并形成了以汉文化为主体的多元融汇新格局[2]。

如果说秦代郡守李冰主持的都江堰工程为成都天府之国的建成奠定了坚实的物质基础，

[1]　江章华：《巴蜀地区的移民墓研究》，《四川文物》1996 年第 1 期。

[2]　刘弘：《西南丝绸之路上的汉代移民》，《东南文化》1991 年第 6 期。

那么西汉景帝时郡守文翁宏开石室，创办地方官学，则从文化教育上彻底改变了成都土著文化强势的文化面貌，并且使成都文教盛行，人才辈出，成为了西南地区的文化、教育中心（图一〇）。北宋欧阳修曾称赞"文翁在蜀，教学之盛，为汉称首"[1]，天府广场出土的东汉李君碑上"同心齐鲁，诱进儒墨"的记载也实证了汉代成都已浸润儒家礼乐文化，其兴盛繁荣甚至可比于齐鲁地区。

图一〇　四川广汉征集东汉拜谒画像砖拓片

至东汉时期，成都地区不仅文教发展位列全国前茅，蜀地文化也迅速完成了与汉文化的融合发展，加之经济高速发展，社会繁荣稳定，中原娱乐文化传入蜀地，使得汉代成都的文化娱乐活动极为丰富。西汉扬雄《蜀都赋》中用大量篇幅描绘了成都豪族的豪奢生活，东汉时期的画像砖石上，亦模印了大量庖厨、宴饮、乐舞、百戏主题的生活场景，生动呈现了汉代成都城市生活的富庶与繁荣。

秦汉时期是成都城市发展历程中最辉煌的时期之一。这一阶段，成都在各地移民的共同建设下迅速成长，在经济、社会、文化科技等领域实现了飞跃式的发展，迎来了城市发展的高峰。成都从一个新兴城市蜕变为巴蜀乃至西南地区的政治、经济、文化中心，不仅"列备五都"，跻身全国最重要的工商业大城市行列，更成为了二千余年城址不移、城名不改、城市文脉绵延不断的"天府之国"。

[1] 〔北宋〕欧阳修撰、李之亮笺注：《欧阳修集编年笺注》第7册，巴蜀书社，2007年，第349页。

水润天府

　　先秦时，成都平原水患频发，古蜀文明的中心多有变迁。李冰建都江堰后，从根本上解决了成都平原的防洪问题，成都成为全国罕见的中心位置沿用不变的大型城市。二江工程使郫、检两江在成都城南自西向东并行，不仅为成都平原农业、手工业的发展提供了稳定而充沛的水源，而且造就了成都"二江珥其市"的城市格局，改变了成都地理上闭塞的劣势，为历代成都城市的发展奠定了基础。

陶水塘

Pottery Pond

东汉（公元 25—220 年）
长 55 厘米，宽 45 厘米，高 8 厘米
四川省成都市凤凰山汉墓出土
成都博物馆

Eastern Han Dynasty (25 - 220)
Length:55cm, Width:45cm, Height:8cm
Unearthed from Fenghuang Mountain Han
Tombs, Chengdu City, Sichuan Province
Chengdu Museum

陶水塘中间有水堤，将其一分为二。
水堤中部留有开口，原应有水闸。
水塘中，荷叶卷曲舒展，旁有花苞、
莲蓬等。成都地区发现了大量刻画
了堤坝形态的陶水塘模型，堤坝中
部都留有开口，部分安有水闸控制
左右水量。这种设施提高了人们对
陂塘用水的管理能力，体现了水产
养殖业的高度发展。

陶井

Pottery Well

东汉（公元 25—220 年）
高 54 厘米，宽 23 厘米
四川省成都市六一一所汉墓出土
成都博物馆
Eastern Han Dynasty (25 － 220)
Height:54cm, Width:23cm
Unearthed from 611 Research Institute Han Tombs, Chengdu City,
Sichuan Province
Chengdu Museum

陶井由井身、井台、井架和井亭四部分构成。井身呈上小下大的圆筒状，外壁有两道绳纹状箍。井栏为一圆形平台，外壁饰一周圆圈纹，中部为圆形井口。井架为梯形，其上有一带辘轳的横梁，横梁两端有花形饰物。井架顶端为四阿式顶井亭，上覆瓦垄。秦汉时期，成都的城邑中进一步推广了水井，部分井口上还有遮盖的构筑物，以减少对井水的污染。水井作为汉代常见的小型供水设施，除用于农业灌溉外，也为生活用水提供了便利。

庖厨俑

Pottery Chef Figurine

东汉（公元 25—220 年）
底宽 26 厘米，高 47 厘米，厚 31 厘米
四川省成都地区征集
成都博物馆
Eastern Han Dynasty (25 － 220)
Bottom Width:26cm, Height:47cm, Thickness:31cm
Collected from Chengdu City, Sichuan Province
Chengdu Museum

陶俑头戴介帻，身着右衽袍服，跽坐于地。身前
置一圆盆，盆上架俎案。右手似持物，左手虚按，
上身微微前倾，似乎正准备处理案上的食物。

陶灶

Pottery Oven

东汉（公元 25—220 年）
长 50 厘米，宽 25 厘米，高 14 厘米
四川省成都地区出土
成都博物馆

Eastern Han Dynasty (25 － 220)
Length:50cm, Width:25cm, Height:14cm
Unearthed from Chengdu City, Sichuan Province
Chengdu Museum

灶为灰陶，素面，平面呈长方形。灶面有两个火门，后
端接一壶形烟囱，前壁有一拱形火门。灶是有封闭燃烧
室和固定烟道的炊具，便于控制火势，避免室内聚烟，
常与无足炊器釜、甑等配合使用。《汉书·五行志》称
"灶者，生养之本"，足见汉代人对灶的重视。

髹漆陶罐

Lacquered Pottery Jar

西汉（公元前 202 年—公元 8 年）
四川省成都市凤凰山汉墓出土
成都博物馆
Western Han Dynasty (202B.C. － 8)
Unearthed from Fenghuang Mountain Han Tombs, Chengdu City,
Sichuan Province
Chengdu Museum

陶罐为平盖、小口、卷沿、广肩、大圆腹、鼓腹，肩部
有弦纹。通体髹红漆，同出的陶罐有的盖顶有墨书字样，
现能辨认的有"桃""酒""甘酒"等，证明是盛装不
同食品或物品的容器，出土时罐内藏物均已炭化或腐化。

陶罐盖顶墨书"桃""酒"

陶猪

Pottery Pig

东汉（公元 25—220 年）
长 24.8 厘米，宽 13.4 厘米，高 15.7 厘米
四川省成都市青羊宫干休所出土
成都博物馆
Eastern Han Dynasty (25 － 220)
Length:24.8cm, Width:13.4cm, Height:15.7cm
Unearthed from Qingyang Temple Cadre's Sanitarium, Chengdu City,
Sichuan Province
Chengdu Museum

陶猪呈站立状。长嘴前伸，大耳外飞，鼓腹下垂，鬃毛突
起，短尾上翘，身体微微后倾，膘肥体壮，憨态可掬。

①

②

①陶狗

Pottery Dog

东汉（公元 25—220 年）

长 28 厘米，宽 14 厘米，高 24 厘米

四川省成都市成华区出土

成都文物考古研究院

Eastern Han Dynasty (25 — 220)

Length:28cm, Width:14cm, Height:24cm

Unearthed from Chenghua District, Chengdu City, Sichuan Province

Chengdu Cultural Relics and Archeology Research Institute

②陶狗

Pottery Dog

汉代（公元前 202—公元 220 年）

长 41.5 厘米，宽 15.1 厘米，高 36.9 厘米

四川省成都地区出土

成都博物馆

Han Dynasty (202B.C. — 220)

Length:41.5cm, Width:15.1cm, Height:36.9cm

Unearthed from Chengdu City, Sichuan Province

Chengdu Museum

陶狗呈站立状。两耳直竖，昂首挺胸，望向前方。身躯匀称结实，四肢粗壮，尾巴上卷。肩背部均有牵引背带，表明其为豢养的家犬。

①

②

陶鸡

Pottery Cock

汉代（公元前202年—公元220年）
①长39厘米，宽13厘米，高34厘米
②长33厘米，宽16厘米，高32厘米
四川省成都地区出土
成都博物馆
Han Dynasty (202B.C. — 220)
① Length:39cm, Width:13cm, Height:34cm
② Length:33cm, Width:16cm, Height:32cm
Unearthed from Chengdu City, Sichuan Province
Chengdu Museum

陶鸡呈站立状，喙略尖，高冠，长颈，翅膀紧贴于身体两侧，宽尾上翘，腿部粗壮有力，翅膀及尾部阴刻羽毛清晰可见。汉代成都平原物产丰富，饲养业十分发达，考古发现有大量马、牛、羊、狗、猪、鹅、鸡、鸭等家养动物形象的陶俑。

①

②

陶飏扇俑

Pottery Figurines Operating a Winnow

东汉（公元 25—220 年）

①长 14 厘米，宽 9.1 厘米，高 18.4 厘米

②长 14.3 厘米，宽 5.5 厘米，高 19.2 厘米

四川省成都市青羊宫干休所出土

成都博物馆

Eastern Han Dynasty (25 — 220)

① Length:14cm, Width:9.1cm, Height:18.4cm

② Length:14.3cm, Width:5.5cm, Height:19.2cm

Unearthed from Qingyang Temple Cadre's Sanatorium,
Chengdu City, Sichuan Province

Chengdu Museum

陶俑头束椎髻，上身赤裸，下身穿及膝短裤，双手执扇柄立于身右侧。飏扇为古代的扬谷器，用于谷物舂碓后，簸去糠秕取得精米。四川地区现发现的飏扇俑形象基本一致，可见在汉代利用飏扇去谷壳已相当普及。

漆木仓

Lacquered Wood Barn

西汉（公元前202—公元8年）
长113厘米，宽55厘米，高75厘米
四川省成都市老官山汉墓出土
成都博物馆
Western Han Dynasty (202B.C. — 8)
Length:113cm, Width:55cm, Height:75cm
Unearthed from Laoguanshan Han Tombs, Chengdu City,
Sichuan Province
Chengdu Museum

木仓为悬山式两面坡屋顶，正面开一个方形仓门，可开合，门侧有两个小孔，或为栓门户所用。门前有平台，上有四孔，或用于栏杆插入。屋下六根立柱支撑，使仓底高离地面。汉代粮食贮存主要用仓、廪（lǐn），二者区别在于仓主要用于储藏未舂之谷，廪则主要储藏已舂之米。漆木仓常用的两面坡式屋顶有利于排雨水保持干燥，仓前的平台可用于日常谷物的翻晒，抬高的仓底能防止潮湿，有利于空气流动，保证粮食的长久储存。

陶楼

Pottery Tower

东汉（公元 25—220 年）
高 109 厘米，宽 74 厘米
四川省成都市六一一所汉墓出土
成都博物馆

Eastern Han Dynasty (25 — 220)
Height:109cm, Width:74cm
Unearthed from 611 Research Institute Han Tombs,
Chengdu City, Sichuan Province
Chengdu Museum

陶楼为上、下两部分组合而成，表现的是三层楼房的形态。一楼中间为双扇门，可开合。门上有三升斗拱，悬挂有盾。二楼有一圈围栏，前墙中间悬挂衣服，两侧挂有扇形物品，或为便面；斗上有菱形镂空围墙。三楼栏杆上立有一鸟，右侧短柱前站一人，头部残缺。廊上有镂空方形窗。重檐式庑殿顶下两侧短柱上可见斗拱，有双鸟对立于垂脊上。两汉时期的楼式建筑兼有仓储、警戒、游赏之用，陶楼模型亦成为东汉墓葬中常见的明器。

天府之国——成都

陶云纹涂朱瓦当

Pottery Red Eaves Tile with Pattern of Clouds

东汉末—三国
直径 18 厘米
四川省成都市天府广场东北侧古遗址出土
成都博物馆
Late Eastern Han Dynasty — The Three Kingdoms
Diameter:18cm
Unearthed from Tianfu Square Northeastern Ancient Site,
Chengdu City, Sichuan Province
Chengdu Museum

两件瓦当是用于遮盖中国传统建筑屋顶檐头的遮挡
物，兼具保护檐头和美化屋顶轮廓的作用。秦汉时
期瓦当使用极其普遍，而云纹瓦当是其中最流行的。
这两件瓦当大小相当，纹饰构成相同。中心为圆钮，
钮外为四组连续的界格，内饰云头纹。外缘饰一周
网格纹。

陶 "千万" 云纹瓦当

Pottery Eaves Tile with Pattern of Clouds and " 千万 "

东汉末—三国

直径 18 厘米

四川省成都市天府广场东北侧古遗址出土

成都博物馆

Late Eastern Han Dynasty － The Three Kingdoms

Diameter:18cm

Unearthed from Tianfu Square Northeastern Ancient Site, Chengdu City,

Sichuan Province

Chengdu Museum

瓦当中心为圆钮，当面以竖线分为四界格，其中连续三组界
格内饰云纹，另一组内模印 "千万" 二字。外缘饰一周网格纹。

陶 "千万吉昌" 云纹瓦当

Pottery Eaves Tile with Pattern of Clouds and " 千万吉昌 "

东汉末—三国

直径 18 厘米

四川省成都市天府广场东北侧古遗址出土

成都博物馆

Late Eastern Han Dynasty － The Three Kingdoms

Diameter:18cm

Unearthed from Tianfu Square Northeastern Ancient Site, Chengdu City,

Sichuan Province

Chengdu Museum

瓦当中心为圆钮，当面以竖线分为四界格，模印 "千万吉昌"
文字于两组云纹之间和当心，自上而下书写。外缘饰一周
网格纹。"千万" "千万吉昌" 都是汉代常见的吉祥语。

铭文砖

Brick with Inscriptions

东汉（公元 25—220 年）
长 39 厘米，宽 41.1 厘米
征集
成都博物馆
Eastern Han Dynasty (25 － 220)
Length:39cm, Width:41.1cm
Collected
Chengdu Museum

铭文砖近正方形，砖面等分为四组，每组刻六个篆体字，连续读为："富贵昌、宜宫堂、意气扬、宜弟兄、长相思、毋相忘，爵禄尊、寿万年"。东汉时期吉语铭文砖十分常见，表达了汉代人祈求富贵昌盛的良好祝愿。

几何柿蒂纹砖

Brick with Geometric and Persimmon-calyx-shaped Pattern

东汉（公元 25—220 年）
长 35 厘米，宽 21.5 厘米，厚 7 厘米
四川省彭县红岩乡征集
成都博物馆
Eastern Han Dynasty (25 — 220)
Length:35cm, Width:21.5cm, Thickness:7cm
Collected from Hongyan Township, Peng County, Sichuan Province
Chengdu Museum

花纹砖呈长方形，砖面等分为六组，每组在同心方框内
装饰柿蒂纹。柿蒂纹因形如柿子的花蒂而得名，在汉代
十分流行。其四个花瓣指示方位，并常与西王母、羽人
等神仙主题纹饰结合，体现了汉代人的宇宙空间观念以
及升仙思想。

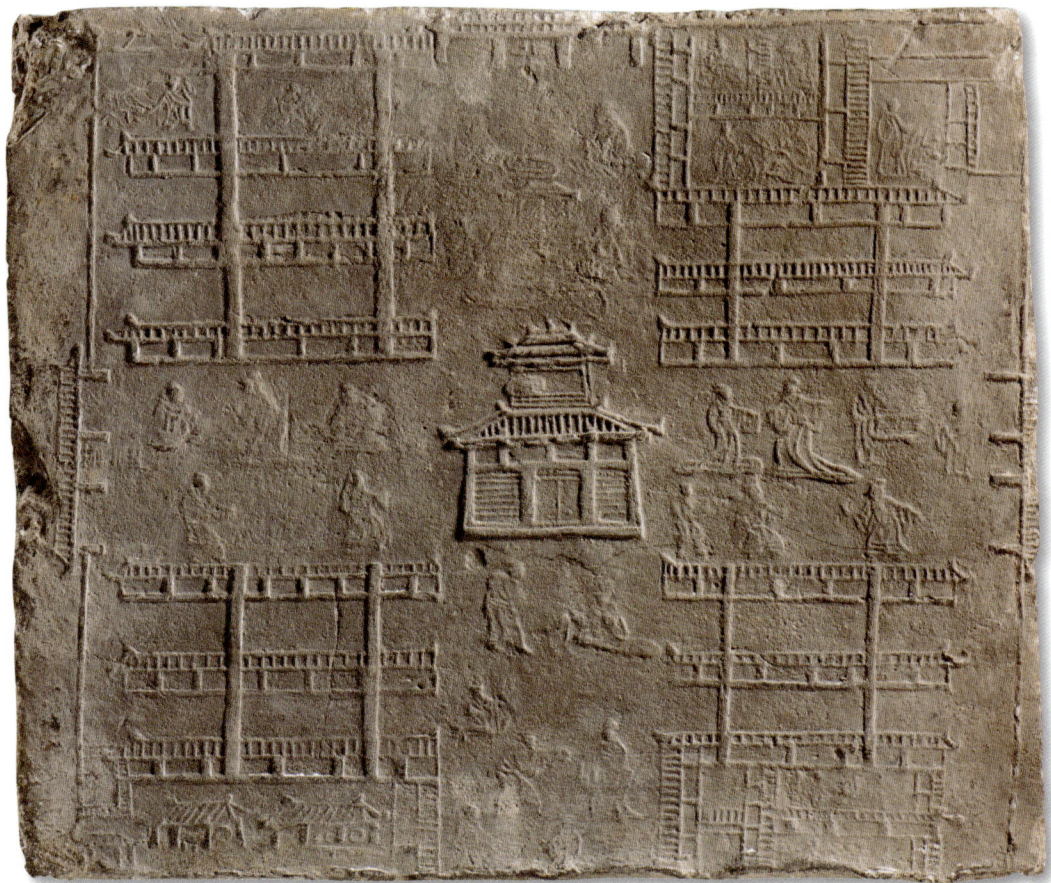

列备五都——秦汉时期的中国都市

市肆画像砖

Pictorial Brick with Bazaar Scene

东汉（公元 25—220 年）

长 48.3 厘米，宽 39.5 厘米，厚 6 厘米

四川省成都市曾家包汉墓出土

成都博物馆

Eastern Han Dynasty (25 — 220)

Length:48.3cm, Width:39.5cm, Thickness:6cm

Unearthed from Zengjiabao Han Tombs, Chengdu City,
Sichuan Province

Chengdu Museum

砖面为俯视图，十字形街市上下左右各有三排五脊式房屋，应为列肆，屋内有人或对坐或站立。左下端有两座小房。中间有一重檐式二层市楼。街道上有各类人物，行走的、推独轮车的、正在进行交易的等。四周有墙垣，左右各有一门，为市墙和市门。蜀郡太守李冰将原位于成都城中的"市"迁到城外"二江"之间，建成了当时西南地区最大的"市"，设立了统一规范的市场，有专人进行管理，每天按鼓声开市和闭市。"二江珥其市"，反映了当时成都城邑与市场、河流的位置关系，这样的城市格局在成都城延续了约 600 年。

车马过桥画像砖

Pictorial Brick with Chariot-horse Crossing Bridge Scene

东汉（公元 25—220 年）
长 45 厘米，宽 40 厘米，厚 5 厘米
四川省成都市郊出土
成都博物馆
Eastern Han Dynasty (25 － 220)
Length:45cm, Width:40cm, Thickness:5cm
Unearthed from Chengdu Suburbs, Sichuan Province
Chengdu Museum

砖面为一辆双驾轺车正在疾驰过桥的场景，车盖有帷幔。车上坐两人，右侧一人手臂前伸，或为御手；左侧一人戴冠，应为主人。车右后侧有一人骑马跟随，梳双发髻，身着广袖长服。木桥上翘板横竖交铺，桥旁有栏。桥梁四排，每排四根柱子。此砖画面也为研究古代桥梁建筑提供了实物资料。

伍伯画像砖

Pictorial Brick with Officers Scene

东汉（公元 25—220 年）
长 44.3 厘米，宽 25.1 厘米，厚 6 厘米
四川省彭县红岩乡征集
成都博物馆
Eastern Han Dynasty (25 – 220)
Length:44.3cm, Width:25.1cm, Thickness:6cm
Collected from Hongyan Township, Peng County,
Sichuan Province
Chengdu Museum

砖面左侧为二骑吏骑马飞奔前进的场面，后有二伍伯，手持棨（qǐ）戟，肩背弓弩，腰间佩戴长剑，紧跟奔跑。《后汉书·舆服志》记载："璅弩车前伍伯，公八人，中二千石、二千石、六百石皆四人，自四百石以下至二百石皆二人。"伍伯为汉代官吏出行时开道护卫的力役，人数多少体现官吏职务高低，且专为武官服务。伍伯手中所持的棨戟，为古代官吏出行的一种仪仗。

车骑出行画像砖

Pictorial Brick with Walkers and Riders Scene

东汉（公元 25—220 年）
长 45 厘米，宽 25 厘米，厚 6 厘米
四川省彭县红岩乡征集
成都博物馆
Eastern Han Dynasty (25 － 220)
Length:45cm, Width:25cm, Thickness:6cm
Collected from Hongyan Township, Peng County,
Sichuan Province
Chengdu Museum

砖面为一轺车飞奔于道上。轺车是一种轻便快速的马车，是古代贵族阶层出行的主要交通工具。此轺车上有两人，前面一人手持缰绳，为御者；后面一人为主人。车前有二伍伯，短衣束带，手持棨（qǐ）戟，肩背弓弩，振臂疾驱，随行开道。随着城市的扩建，汉代成都的道路建设日趋成熟，车马交通亦日益兴盛。

斧车画像砖

Pictorial Brick with Axe Carriage

东汉（公元 25—220 年）
长 46 厘米，宽 24.5 厘米，厚 7 厘米
四川省彭县红岩乡征集
成都博物馆
Eastern Han Dynasty (25 — 220)
Length:46cm, Width:24.5cm, Thickness:7cm
Collected from Hongyan Township, Peng County, Sichuan Province
Chengdu Museum

砖面为一马驾一车，车上坐有二人，前为御手，后坐车主。
车厢中立有一大斧。《后汉书·舆服志》记载："大使车，
立乘，驾驷，赤帷。持节者，重导从：贼曹车、斧车、督车、
功曹车皆两。"斧车为一种轻车，是公卿以下、县令以
上官员出行时的前导之车。

棚车画像砖

Pictorial Brick with Closed Carriage Scene

东汉（公元 25—220 年）
长 48 厘米，宽 40 厘米，厚 6 厘米
四川省成都市曾家包汉墓出土
成都博物馆

Eastern Han Dynasty (25 － 220)
Length:48cm, Width:40cm, Thickness:6cm
Unearthed from Zengjiabao Han Tombs, Chengdu City, Sichuan Province
Chengdu Museum

砖面上为一辆棚车（又名栈车，民间运货载人之车）。车前
一马，车棚口乘坐二人。其右一人手执辔头；其左一人仅半
身露于棚外，或为车主。车后载四个大瓮。车下一人或为马夫，
扶辕从行。车两旁各有一人随行。右端上下各有一树，树间
应为道路。

正面   侧面

陶御手俑

Pottery Rider Figurine

东汉（公元 25—220 年）
高 53 厘米，宽 18 厘米
四川省成都市六一一所汉墓出土
成都博物馆
Eastern Han Dynasty (25 — 220)
Height:53cm, Width:18cm
Unearthed from 611 Research Institute Han Tombs, Chengdu City,
Sichuan Province
Chengdu Museum

陶俑盘发，身穿褶领右衽长袍，袍上衣褶清晰可见。面带
微笑，双臂前伸，双手半握，手中应持缰绳，下身微屈，
作驾车姿态，故称御手俑。古代御手的职责是驾驭车马，
保证车马进退得宜。

漆木马

Lacquered Wood Horse

西汉（公元前 202—公元 8 年）
宽 70 厘米，高 75 厘米，厚 26 厘米
四川省成都市老官山汉墓出土
成都文物考古研究院
Western Han Dynasty (202B.C. － 8)
Width:70cm, Height:75cm, Thickness:26cm
Unearthed from Laoguanshan Han Tombs, Chengdu City, Sichuan Province
Chengdu Cultural Relics and Archeology Research Institute

木马呈站立状。头呈长方形，略仰起，面部肌肉逼真，张嘴露齿。颈粗壮，身体匀称，肌肉发达。身、尾分作，以榫卯相接而成，出土时尾部已脱落。木马瘦劲矫健，生动传神，反映出汉代独特的审美风尚和极高的造型艺术水准。

万商之渊

自李冰修都江堰后，成都平原便享有运输之便、灌溉之利、山林池泽之饶，不仅农业兴盛，是秦汉时期全国最重要的粮仓之一，并且百工兴盛、百业繁荣，尤以冶铜、冶铁、制盐、丝织、漆器生产等最为发达。蜀郡工官制造的产品畅销海内外，成都亦成为闻名全国的大型工商业城市。

"五十涷（liàn）" 铭钢剑

Steel Sword with Characters of "五十涷"

东汉建初二年（公元77年）
长109厘米，宽3.1厘米，厚0.9厘米
江苏省徐州市曹山汉墓出土
徐州博物馆

2nd Year of Jianchu Era, Eastern Han Dynasty (77)
Length:109cm, Width:3.1cm, Thickness:0.9cm
Unearthed from Caoshan Han Tombs, Xuzhou City, Jiangsu Province
Xuzhou Museum

剑柄正面有错金铭文"建初二年蜀郡西工官王愔造五十涷
□□□孙剑□"；剑格一面阴刻隶书"直千五百"，记录了钢
剑铸制的具体年代、制造地、作坊、工匠、锻造工艺及价格等。
炒钢技术在我国成熟于西汉早期，被誉为继铸铁后钢铁发展史
上又一具有里程碑意义的技术突破。以炒钢为原料，经反复加
热锻打，可制成百炼钢制品。东汉时期，百炼钢技术已经成熟，
因性能优越主要被用于制作高规格的刀、剑。"涷"通"炼"，
此"五十涷"钢剑即为蜀郡西工制造的百炼钢产品。《汉书·酷
吏传》中记载，"欲请蜀刀，问君贾几何，对曰率数百"，表
明当时蜀郡制作的刀剑品质极高，价值不菲。

剑柄刻铭

铁剑

Iron Sword

汉代（公元前 202—公元 220 年）
残长 95 厘米，宽 3.1 厘米
四川省成都市凤凰山汉墓出土
成都博物馆
Han Dynasty (202B.C. － 220)
Imperfect Length:95cm, Width:3.1cm
Unearthed from Fenghuang Mountain Han Tombs, Chengdu City,
Sichuan Province
Chengdu Museum

剑身铁质，已锈蚀，素面。公元前 310 年，秦政府于
成都设铁官监管冶铁生产，并迁赵人卓氏、山东人程
郑氏于临邛，"用铁冶富"，到西汉成为巨商大贾。西
汉中晚期，全国设铁官 49 处，其中四川就有临邛（今
邛崃）、犍为（今彭山）、南安（今乐山）三处，是
四川著名的冶铁基地。从考古材料来看，当时蜀地的
冶铁业发达。遗址出土的炒钢炉，从其结构来看，可
形成较高的炉温，能够炼铁成钢，冶铁技术居于全国
前列。

"广汉西蜀造作" 铭铜镜

Bronze Mirror with Characters of "广汉西蜀造作"

东汉元兴元年（公元 105 年）
直径 15.7 厘米，厚 0.4 厘米
河南省南阳地区征集
南阳市博物馆

1st Year of Yuanxing Era, Eastern Han Dynasty (105)
Diameter:15.7cm, Thickness:0.4cm
Collected from Nanyang City, Henan Province
Nanyang City Museum

镜中心为圆钮，钮座外为蝙蝠状的变形四叶纹，四叶内各刻有三字铭文，连续读为："富且昌，乐未央，师命长，宜侯王。"四叶间各有一兽首纹。镜背有铭文带一周，文为："元兴元年五月丙午日，□□广汉西蜀造作尚方明竟（镜），幽涷三商，长乐未，宜侯王，富且昌，位至三公，位师命长。"外区由内向外分别装饰有火焰状芒饰和连弧纹。边缘饰连续的变形缠枝纹。带有"广汉"或"广汉西蜀"的东汉纪年铭文蜀镜在河南、湖南、湖北、浙江等地多有发现，其纹饰精美，工艺精湛，流通广泛，实证了汉代广汉郡为全国著名的铜镜铸造中心之一。

"蜀郡造作牢"铭铜洗

Bronze *Xi* (Container) with Characters of "蜀郡造作牢"

东汉（公元 25—220 年）
口径 20.8 厘米，底径 12.5 厘米，高 8.5 厘米
征集
南阳市博物馆
Eastern Han Dynasty (25 － 220)
Mouth Diameter:20.8cm, Bottom Diameter:12.5cm,
Height:8.5cm
Collected
Nanyang City Museum

这种被习称为"洗"的器物，据出土铜器自铭应
为"杅（yú）"，是用以盛装酒、汤的容器。这
件铜洗弧腹、平底、侈口、折沿，腹部饰三道凸
弦纹，并附有对称的铺首衔环（环已缺失），内
底部铸"蜀郡作造牢"五字铭文，表明其为蜀郡
所造。带有"蜀郡""蜀郡成都市"铭文的铜洗
在湖南、浙江、安徽等地均有发现，进一步证明
汉代蜀郡铜器制造业之兴盛与行销范围之广泛。

内底铸造铭文

铜甑

Bronze *Zeng* (Steaming Tool)

汉代（公元前 202—公元 220 年）
口径 26 厘米，高 10 厘米
四川省成都市大湾汉墓出土
成都博物馆
Han Dynasty (202B.C. — 220)
Mouth Diameter:26cm, Height:10cm
Unearthed from Dawan Han Tombs, Chengdu City, Sichuan Province
Chengdu Museum

甑是底小口大的盆形器，底部留有透入蒸汽的孔，常与
釜等炊具配合，用于蒸煮食物。这件铜甑侈口、折沿、
弧腹内收、圈足较高，上腹部饰凸弦纹，附一对铺首衔环。

铜勺

Bronze Spoon

东汉（公元 25—220 年）
长 14.8 厘米，勺径 3.5 厘米
四川省成都市青龙公社出土
成都博物馆
Eastern Han Dynasty (25 — 220)
Length:14.8cm, Diameter of Spoon:3.5cm
Unearthed from Qinglong Commune, Chengdu City,
Sichuan Province
Chengdu Museum

铜勺在汉代可用于挹取酒、水或粮食。这件
铜勺勺身为上大下小的圆筒形，勺柄端为环
首，造型简洁，小巧精致。

铜灯

Bronze Lamp

汉代（公元前 202—公元 220 年）
宽 29 厘米，高 40 厘米
四川省邛崃市羊安汉墓出土
成都文物考古研究院
Han Dynasty (202B.C. — 220)
Width:29cm, Height:40cm
Unearthed from Yangan Han Tombs, Qionglai City,
Sichuan Province
Chengdu Cultural Relics and Archeology Research Institute

此灯由灯盘、支架和底座组成（灯座中灰色部分
为修复材料）。环形凹槽状灯盘被分为对称的三
格，由三条纤细的支架撑起灯盘。整体线条流畅
自然，造型简洁优美。

髹漆陶鼎

Lacquered Pottery *Ding* (Food Container)

西汉（公元前 202—公元 8 年）

直径 30 厘米，高 20 厘米

四川省成都市老官山汉墓出土

成都文物考古研究院

Western Han Dynasty (202B.C.—8)

Diameter:30cm, Height:20cm

Unearthed from Laoguanshan Han Tombs, Chengdu
City, Sichuan Province

Chengdu Cultural Relics and Archeology Research
Institute

鼎为陶胎髹漆器。带盖，盖为圆顶，
上有三个红漆捉手。鼎身为子口，
直立附耳，圆腹，大圜底近平，三
蹄形足。表面髹黑漆为地，腹部、
足跟、足尖、耳外、耳侧等部位绘
红漆花纹，纹样有平行线纹、水波
纹、条带纹、涡云纹、弦纹等。该
鼎造型有明显楚式风格。

漆木案

Lacquered Wood Tray

西汉（公元前 202—公元 8 年）
长 50 厘米，宽 35 厘米
四川省成都市老官山汉墓出土
成都文物考古研究院
Western Han Dynasty (202B.C. － 8)
Length:50cm, Width:35cm
Unearthed from Laoguanshan Han Tombs, Chengdu City,
Sichuan Province
Chengdu Cultural Relics and Archeology Research Institute

案为木胎，长方形，四沿上翘，平底，有四个曲
尺形足。案口沿髹黑漆，饰朱红色弦纹一周。案
面红漆地上无纹饰，黑漆地上饰红色圆点纹、卷
云纹。背面及足髹黑漆。

漆耳杯

Lacquered Cup with Handles

西汉（公元前 202—公元 8 年）

长 21 厘米，宽 17 厘米，高 6 厘米

四川省成都市老官山汉墓出土

成都文物考古研究院

Western Han Dynasty (202B.C. — 8)

Length:21cm, Width:17cm, Height:6cm

Unearthed from Laoguanshan Han Tombs, Chengdu City, Sichuan Province

Chengdu Cultural Relics and Archeology Research Institute

耳杯椭圆形口，半月形耳上翘，弧腹，外底为低矮的圈足。内髹红漆，外髹黑漆。

勾综式提花木织机模型

Model of Hook Shaft Pattern Loom

西汉（公元前 202—公元 8 年）
长 83 厘米，宽 28 厘米，高 47 厘米
四川省成都市老官山汉墓出土
成都博物馆
Western Han Dynasty (202B.C. — 8)
Length:83cm, Width:28cm, Height:47cm
Unearthed from Laoguanshan Han Tombs, Chengdu City, Sichuan Province
Chengdu Museum

织机模型为竹木制成，结构复杂精巧，保存十分完整，一些部
件上还残存有丝线和染料。这是迄今世界上最早的提花机模型，
填补了中国乃至世界科技史和纺织史的空白。提花织机的核心
技术是提花程序编制，对中国和欧洲的丝织生产都产生了巨大
影响。正是借助于这样先进的织机，成都才生产出了闻名天下
的蜀锦。

四方融汇

―――――――○―――――――

　　先秦时期，成都地区的居民以羌、氐系西南原住民为主。秦并巴蜀后，大量移民入蜀，汉武帝以成都为根据地经略西南，加速了汉文化向西南地区的传播。至西汉文翁化蜀，成都地区逐步浸润中原礼仪文化，文教之风盛行。同时，随着南、北丝绸之路的开通，成都的对外交流空前频繁，多元交汇之下呈现出富庶繁荣、文化昌明的天府盛景。

铜蒜头壶

Bronze Pot with Garlic-Shaped Mouth

战国晚期—西汉

腹径 18 厘米，高 28 厘米

四川省广元市昭化区城关村出土

成都博物馆

Late Warring States Period — Western Han Dynasty

Belly Diameter:18cm Height:28cm

Unearthed from Chengguan Village, Zhaohua District,

Guangyuan City, Sichuan Province

Chengdu Museum

蒜头壶因壶口形似蒜瓣而得名，是一种盛酒器具，其小口细颈可以有效阻止酒精的挥发和气味的消散。蒜头壶起源于战国时期的关中地区，是秦文化的典型器物，随着秦国的统一战争传播到全国各地，至西汉中期以后逐渐消失。

釜与鍪均是晚期巴蜀文化的典型器物，但秦文化分布区也发现有同类器，应是秦蜀文化交流的例证。战国中后期，釜与鍪成为秦文化的重要组成部分，并随着秦的统一战争向各地扩散。

铜鍪

Bronze Mou (Cooking Vessel)

战国（公元前 475 年—公元前 221 年）
四川省成都市黉门街红军医院出土
高 10.7 厘米，口径 9.5 厘米
成都博物馆
Warring States Period (475B.C. − 221B.C.)
Height:10.7cm, Mouth Diameter:9.5cm
Unearthed from Hongmen Street, Chengdu City,
 Sichuan Province
Chengdu Museum

鍪为炊煮器，造型为侈口、束颈、鼓腹、圆底，肩部设单耳或双耳，起源于战国时期的巴蜀文化区，一直沿用到三国时期。铜鍪形制简单，易于铸造，体形小，重量轻，便于携带，使用时只需放在几块石头上即可烹煮食物，极为简单便利，且多出土于兵锋所至的地区，故而有专家认为铜鍪为行军时的主要炊具之一，并随着军事活动传播开来。

铜釜

Bronze *Fu* (Cooking Vessel)

汉代（公元前 202—公元 220 年）
高 12.9 厘米，口径 17.5 厘米
四川省彭县征集
成都博物馆
Han Dynasty (202B.C. — 220)
Height:12.9cm, Mouth Diameter:17.5cm
Collected from Peng County, Sichuan Province
Chengdu Museum

釜也是晚期巴蜀文化的典型器物之一，其基本形态为圜底、圆腹、敛口、折沿，部分带双耳。作为一种炊具，釜既可单独使用，也可与甑（zèng）连接，用于蒸煮食物。汉代，由于炉灶逐渐普及，可立于地面直接进行炊煮的三足炊具逐渐退居次要地位，可放置于炉灶之上的釜、甑组合则大为流行。

列备五都——秦汉时期的中国都市

拜谒画像砖

Pictorial Brick with Receiving Guests Scene

东汉（公元 25—220 年）

长 48.5 厘米，宽 39.5 厘米，厚 7 厘米

四川省成都市曾家包汉墓出土

成都博物馆

Eastern Han Dynasty (25 — 220)

Length:48.5cm, Width:39.5cm, Thickness:7cm

Unearthed from Zengjiabao Han Tombs, Chengdu City, Sichuan Province

Chengdu Museum

砖面上为一座四阿式顶房屋，屋顶有两个带菱形窗格的天窗。
房屋下的台基由木桩支撑，便于通风。屋檐下二人戴冠，若
宾客相对。其左上一人，配环首刀。右下一人颔下有须，双
手捧刺，躬身施礼。房屋左侧一人，双手横持一物，垂手侍立。
还有一人从房屋右侧探身而出。

宴饮叙谈画像砖

Pictorial Brick with Banquet Scene

东汉（公元 25—220 年）
长 48 厘米，宽 39.5 厘米，厚 6 厘米
四川省成都市曾家包汉墓出土
成都博物馆

Eastern Han Dynasty (25 － 220)
Length:48cm, Width:39.5cm, Thickness:6cm
Unearthed from Zengjiabao Han Tombs, Chengdu City,
Sichuan Province
Chengdu Museum

砖面共有七人，席地而饮，均头戴冠帽，身穿广袖长
服。宴饮图上部三人，左侧一人捧盘，右边一人举杯
向中间者敬食，席前有一案。下部左端二人并坐，手
举耳杯欲饮，席前亦有一案。右端二人起手正欲举起
耳杯而饮，席前放置一盂，盂中有勺子。

陶案、陶耳杯

Pottery Tray and Eared-cups

东汉（公元 25—220 年）
陶案长 60 厘米，宽 40 厘米
耳杯长 12 厘米，宽 5 厘米
四川省成都地区出土
成都博物馆
Eastern Han Dynasty (25 — 220)
Pottery Tray:Length:60cm, Width:40cm
Pottery Eared-cup:Length:12cm, Width:5cm
Unearthed from Chengdu City, Sichuan Province
Chengdu Museum

汉代贵族宴飨为分餐制，即一人一案、席地而坐的饮食形式。小案上置耳杯、盘、箸等饮食器具，便于灵活移动，因契合分餐制的需要，在汉代十分流行。

鞞舞画像砖

Pictorial Brick with *Pi* (A Form of Dance) Scene

东汉（公元 25—220 年）

长 45.5 厘米，宽 25 厘米，厚 5.5 厘米

四川省绵竹市新市乡征集

成都博物馆

Eastern Han Dynasty (25 – 220)

Length:45.5cm, Width:25cm, Thickness:5.5cm

Collected from Xinshi Township, Mianzhu City, Sichuan Province

Chengdu Museum

鞞舞因其使用鞞鼓作为乐舞的辅助乐器而得名，本为民间俗乐舞，汉代开始也在贵族宴饮中出现。其舞蹈诙谐活泼，传至蜀地后，与俳优融合，加入了说唱形式，世俗化特征更加明显。此画像砖砖面三人，上方有廊。左侧一人，俳优形象，上身袒露，着裤赤足，做滑稽表演，左手握鞞鼓。中间伎人，为舞者，头上戴冠，身穿广袖长服，腰间有束带，腿微曲，翩然起舞。右侧一人袒露上身，下穿阔裤，昂首举臂，手中似为舞剑，右脚上提踏鼓，以鼓点掌握舞蹈节奏。

杂技盘舞画像砖

Pictorial Brick with Acrobatics and Platter Dancer Scene

东汉（公元 25—220 年）
长 45.5 厘米，宽 24.8 厘米，厚 6 厘米
四川省绵竹市新市乡征集
成都博物馆

Eastern Han Dynasty (25 － 220)
Length:45.5cm, Width:24.8cm, Thickness:6cm
Collected from Xinshi Township, Mianzhu City, Sichuan Province
Chengdu Museum

砖面有三伎人，左边为杂技场面，共有七案相叠，最上面有一女伎人，头上梳双发髻，身穿贴身衣服，在倒立的同时，利用下腰，两脚弯曲向前，为之"反弓"。中间一人，为倡优形象，头梳椎髻，上身袒露，下穿阔裤，半蹲姿态，正在表演跳丸。右边女伎，为舞者，头梳双发髻，身穿广袖束身衣，双手执拂起舞，脚下置鼓、盘，舞者左脚上提，跳跃于鼓面。

陶俳优俑

Pottery Figurine of Comedian

东汉（公元 25—220 年）
宽 22 厘米，厚 23 厘米，高 50.5 厘米
四川省成都市六一一所汉墓出土
成都博物馆

Eastern Han Dynasty (25 — 220)
Width:22cm, Thickness:23cm, Height:50.5cm
Unearthed from 611 Research Institute Han Tombs,
Chengdu City, Sichuan Province
Chengdu Museum

陶俑作站立状，头戴巾帽，双眼微闭，面部表情诙谐夸张。双肩上耸，右手持鼓，左手置于身侧，双腿一前一后，仿佛正在踱步表演。陶俑动感十足，姿态轻松逗趣，充满喜乐感。汉代俳优是带有诙谐性质的综合伎艺表演者，表演类别包括乐舞、杂技、滑稽等，往往随侍左右，供主人取乐。桓宽《盐铁论·散不足》云："富者祈名岳、望山川，椎牛击鼓，戏倡儛像。"俳优俑在四川地区多有出土，表明当时蜀地说唱表演颇为流行。

陶立舞俑

Pottery Standing Figurine of Dancer

东汉（公元 25—220 年）
宽 45 厘米，高 103 厘米
四川省成都市六一一所汉墓出土
成都博物馆
Eastern Han Dynasty (25 － 220)
Width:45cm, Height:103cm
Unearthed from 611 Institute Han Tombs,
Chengdu City, Sichuan Province
Chengdu Museum

陶俑梳扇形发髻，髻上簪花，现存三朵，额上束巾，戴耳珰，面带微笑。身穿褶领长服，有袖子露出，束腰带，左手提裙一角，右手上举，手中似执长巾，作折腰舞蹈状，双脚中间置有一物，形似罐。舞俑造型生动，神态活泼，专家推测这可能是进行踏鼓舞或袖舞表演的人物形象。

陶抚琴俑

Pottery Figurine Playing *Guqin*（String Instrument）

东汉（公元 25—220 年）
宽 67 厘米，高 65 厘米
四川省成都市金堂县李家梁子汉墓出土
成都博物馆
Eastern Han Dynasty (25 — 220)
Width:67cm, Height:65cm
Unearthed from Lijia Liangzi Han Tombs, Jintang
County, Chengdu City, Sichuan Province
Chengdu Museum

陶俑头、身分制套接而成。头戴
圆帽，面带微笑，身体微倾，盘
腿而坐，双手抚弦弹拨，神情专
注而怡然自得。汉代成都地区演
奏的乐器有竽、瑟、琴、箫、鼓、
笛等。琴是最主要的乐器之一，
可以独奏，也可与竽、箫、鼓、
钹等乐器组合演奏。

陶吹笛俑

Pottery Figurine Playing a Flute

东汉（公元 25—220 年）
宽 38 厘米，高 81 厘米
四川省成都市六一一所汉墓出土
成都博物馆

Eastern Han Dynasty (25 － 220)
Width:38cm, Height:81cm
Unearthed from 611 Research Institute Han Tombs,
Chengdu City, Sichuan Province
Chengdu Museum

两件陶俑均头、身分制套接而成。头戴介帻，面部圆润，眉目清秀，面带微笑，神情平和。身穿袍服，作坐姿，双手执长笛独奏，长笛下接一耳杯。马融《长笛赋》载："近世双笛从羌起，羌人伐竹未及已。龙鸣水中不见已，截竹吹之声相似。剡其上孔通洞之，裁以当籈便易持。"反映了汉代长笛受羌笛影响，作竖吹状。这两件吹笛俑是汉代竖吹长笛的奏乐人形象。四川汉墓中出土的吹笛俑常与舞蹈俑、抚琴俑、击鼓俑等组合出现。

列
备
五
都
——
秦
汉
时
期
的
中
国
都
市

陶抱囊俑

Pottery Figurine Holding a Bag

东汉（公元 25—220 年）
宽 45 厘米，高 90 厘米
四川省成都市六一一所汉墓出土
成都博物馆
Eastern Han Dynasty (25 — 220)
Width:45cm, Height:90cm
Unearthed from 611 Research Institute Han Tombs,
Chengdu City, Sichuan Province
Chengdu Museum

陶俑作站姿，头、身分制套接而成。头戴圆帽，
面部圆润，神情平和。身穿袍服，双手置于胸前，
左臂弯挂一长条状囊。专家认为抱囊俑属于侍
者形象，所抱之物多数为琴囊。

298

陶侍女俑

Pottery Figurine of a Maid

东汉（公元 25—220 年）
宽 35 厘米，高 70 厘米
四川省成都地区出土
成都博物馆

Eastern Han Dynasty (25 － 220)
Width:35cm, Height:70cm
Unearthed from Chengdu City, Sichuan Province
Chengdu Museum

陶俑为坐姿，头、身分制套接而成。头梳扇形高发髻，额上束巾，戴耳珰，面带微笑。左手残，右手捏裙角。着褶领大袖袍，荷叶半袖，露出袖口，束宽腰带，袍纹清楚可见，袍上留有涂朱痕迹。

天府之国——成都

陶持镜俑

Pottery Figurine Holding a Mirror

东汉（公元 25—220 年）
宽 36 厘米，高 95 厘米
四川省成都市六一一所汉墓出土
成都博物馆
Eastern Han Dynasty (25 — 220)
Width:36cm, Height:95cm
Unearthed from 611 Research Institute Han Tombs,
Chengdu City, Sichuan Province
Chengdu Museum

陶俑为站姿，头、身分制套接而成。俑梳扇形高发髻，面带微笑。右手持一圆镜于胸前，左手放于身侧，着褶领大袖袍，荷叶半袖，露出袖口，束腰带，袍纹饰清楚，袍上涂朱。

仙人六博画像砖

Pictorial Brick with Immortals Playing *Liubo* (A Form of Game)

东汉（公元 25—220 年）
长 44.2 厘米，宽 25 厘米，厚 6 厘米
四川省绵竹市新市乡征集
成都博物馆
Eastern Han Dynasty (25 － 220)
Length:44.2cm, Width:25cm, Thickness:6cm
Collected from Xinshi Township, Mianzhu City, Sichuan Province
Chengdu Museum

六博由局、棋、箸等组成。局为棋盘，用一块长方形木板制成，或有矮底足，局上有十二条曲道。棋子一般为十二颗，六黑六白，或六红六黑；一方六颗中或一大五小。箸形似细长的竹筷。砖面上两名肩披羽翼的仙人正在进行博戏，这种图像主题在汉代画像砖、画像石中十分常见，在表现博戏风尚的同时，也体现了汉代人崇尚升仙的意涵。

列备五都——秦汉时期的中国都市

铜扁壶

Bronze Flat Pot

西汉晚期—东汉早期
高 30 厘米，长 33 厘米，宽 6 厘米
四川省成都市大湾汉墓出土
成都博物馆

Late Western Han Dynasty — Early Eastern Han Dynasty
Height:30cm, Length:33cm, Width:6cm
Unearthed from Dawan Han Tombs, Chengdu City,
Sichuan Province
Chengdu Museum

壶带盖，直颈，圆弧肩，扁圆腹，长方形圈足。壶身肩部与口部对称位置均有兽面半环钮，以活链相连。肩部有提梁，装饰錾刻鸟首纹样。整体纹饰以錾刻锯齿纹、菱形回纹、四重羽状锦纹为主。壶盖圆钮，共三圈纹饰带，自内向外，第一圈为四叶纹，中间有四只逆时针方向环形的鸟；第二圈为锯齿纹，最外圈为菱形回纹。壶身颈部饰锯齿纹，肩部刻相向鸣舞的对鸟、三组背向对鸟、走兽。腹部绘八圈纹饰带，第一、四、六圈为锯齿纹，第二、五、八圈为菱形回纹，第三、七两圈为四重羽状锦纹。圈足由锯齿纹和菱形回纹组成。

铜樽

Bronze *Zun* (Wine Vessel)

西汉晚期—东汉早期
底径 24 厘米，高 33 厘米
四川省成都市大湾汉墓出土
成都博物馆

Late Western Han Dynasty — Early Eastern Han Dynasty
Bottom Diameter:24cm, Height:33cm
Unearthed from Dawan Han Tombs, Chengdu City,
Sichuan Province
Chengdu Museum

樽是古代的一种盛酒器。此樽分为樽盖、樽身两个部分，可分离。樽盖呈锥形，盖顶正中最高处立有一凤鸟。樽身为圆筒形，樽腹上半部有两个对称的兽面辅首衔环，平底外设三个兽足。器表装饰錾刻纹样，顶端凤鸟羽毛清晰，樽盖面錾刻有山林走兽图案，边缘刻一圈锯齿纹及一只凤鸟，凤鸟位于樽盖和身分接处，作为樽盖、身上下扣合的标志。樽身中部以一道凸弦纹将纹饰分为上下两组，两组纹样相同，自上而下分别为菱形回纹、四重羽状锦纹、锯齿纹和菱形回纹。铜樽为合模铸造，器表纹饰应是在铜器铸成后錾刻而成。这种錾刻花纹铜器产地多在我国岭南地区，其中广西东南部是主要的制作中心。

主要参考文献

古籍文献

[1] 〔西汉〕司马迁：《史记》，中华书局，2013 年。

[2] 〔西汉〕刘向集录：《战国策》，上海古籍出版社，1985 年。

[3] 〔西汉〕桓宽《盐铁论》，中华书局，2015 年。

[4] 〔东汉〕班固：《汉书》，中华书局，2013 年。

[5] 〔东晋〕常璩撰、任乃强校注：《华阳国志校补图注》，上海古籍出版社，1987 年。

[6] 〔南朝宋〕范晔：《后汉书》，中华书局，2012 年。

[7] 〔北宋〕欧阳修撰、李之亮笺注：《欧阳修集编年笺注》，巴蜀书社，2007 年。

[8] 〔清〕顾祖禹：《读史方舆纪要》，中华书局，2005 年。

考古发掘资料

[1] 刘振东：《汉长安城综论：纪念汉长安城遗址考古六十年》，《考古》2017 年第 1 期。

[2] 刘庆柱：《汉长安城的考古发现及相关问题研究——纪念汉长安城考古工作四十年》，《考古》1996 年第 10 期。

[3] 陕西省社会科学院考古研究所渭水队：《秦都咸阳故城遗址的调查和试掘》，《考古》1962 年第 6 期。

[4] 群力：《临淄齐国故城勘探纪要》，《文物》1972 年第 5 期。

[5] 何岁利：《唐大明宫"三朝五门"布局的考古学观察》，《考古》2019 年第 5 期。

[6] 徐龙国：《汉长安城北宫一号遗址发现西汉建筑遗址》，《中国文物报》2020 年 4 月 20 日。

[7] 中国社会科学院考古研究所、河北省文物管理处：《满城汉墓发掘报告》，文物出版社，1980 年。

[8] 山东省文物考古研究所编：《临淄齐故城》，文物出版社，2013 年。

[9] 河南省文物研究所：《南阳北关瓦房庄汉代冶铁遗址发掘报告》，《华夏考古》1991 第 1 期。

[10] 乐庆森：《邯郸市东庄遗址试掘简报》，《文物春秋》2006 年第 6 期。

[11] 咸阳地区文管会、茂陵博物馆：《陕西茂陵一号无名冢一号从葬坑的发掘》，《文物》1982 年第 9 期。

[12] 四川省文物考古研究院：《荥经高山庙西汉墓》，文物出版社，2017年。

[13] 成都文物考古研究院：《成都天府广场东北侧古遗址考古发掘报告》，《文物》2017年第1期。

[14] 易立、李平、张雪芬等：《成都市东华门遗址汉六朝遗存发掘报告》，成都文物考古研究院编著：《成都考古发现（2017）》，科学出版社，2019年。

[15] 成都文物考古研究所：《成都天府广场东御街汉代石碑发掘简报》，《南方民族考古》第8辑，科学出版社，2012年。

[16] 刘化石等：《四川渠县城坝遗址2005年发掘简报》，《四川文物》2006年第4期。

[17] 四川省文物考古研究院、雅安市文物管理所、汉源县文物管理所：《四川汉源桃坪遗址及墓地发掘报告》，《四川文物》2006年第6期。

[18] 何志国：《四川绵阳永兴双包山一号西汉木椁墓发掘简报》，《文物》1996年第10期。

研究论文

[1] 谭其骧：《秦郡新考》，《浙江学报》1947年第1期。

[2] 张南、周伊：《秦汉城市发展论》，《安徽史学》1989年第4期。

[3] 马正林：《汉长安城总体布局的地理特征》，《陕西师大学报》（哲学社会科学版）1994年第12期。

[4] 段清波：《汉长安城轴线变化与南向理念的确立——考古学上所见汉文化之一》，《中原文化研究》2017年第2期。

[5] 卢连成：《西周丰镐两京》，《中国历史地理论丛》1998年第3期。

[6] 梁万斌：《从长安到洛阳：汉代的关中本位政治地理》，复旦大学2013年博士学位论文。

[7] 肖爱玲：《西汉城市地理研究》，陕西师范大学2006年博士学位论文。

[8] 鹿习健：《汉初更筑新丰城原因再探》，《德宏师范高等专科学校学报》2018年第1期。

[9] 聂晓雨：《从考古发现看洛阳东周王城的城市布局》，《中原文物》2010年第3期。

[10] 〔日〕黄晓芬：《论西汉帝都长安的形制规划与都城理念》，《历史地理》第25辑，上海人民出版社，2011年。

[11]　赵宏亮：《两汉赵国县邑乡里考》，《邯郸学院学报》2015 年第 3 期。

[12]　乔登云：《赵都邯郸故城考古新发现与探索》，《邯郸学院学报》2017 年第 1 期。

[13]　李炎：《关于汉代南阳宛城城址规模、形制的探讨》，《中华建筑》2010 年第 2 期。

[14]　李炎、梁晨：《南阳古城空间演变与城市水系的营建研究》，《中华建筑》2014 年第 4 期。

[15]　刘新：《试论汉代南阳郡治宛城的历史地位——兼谈宛城在汉代丝绸之路上的作用》，《洛阳考古》2014 年第 4 期。

[16]　刘庆柱：《陕西永寿出土的汉代铁农具》，《农业考古》1982 年第 1 期。

[17]　王荣耕：《邯郸地区冶铁遗址初步调查研究》，北京科技大学 2018 年博士学位论文。

[18]　凌皆兵：《南阳发现的汉代钱范及相关问题探讨》，《中原文物》2008 年第 5 期。

[19]　王玉金：《试析南阳汉画中的农业图像》，《农业考古》1994 年第 1 期。

[20]　丰州：《汉茂陵"阳信家"铜器所有者的问题》，《文物》1983 年第 6 期。

[21]　黄晓枫、魏敏：《成都平原先秦时期的水工遗产与古蜀文明进程》，《中华文化论坛》2014 年第 2 期。

[22]　黄晓枫、龚小雪、魏敏：《都江堰——惠泽千秋的水工遗产》，《中国文化遗产》2011 年第 6 期。

[23]　江章华：《巴蜀地区的移民墓研究》，《四川文物》1996 年第 1 期。

[24]　刘弘：《西南丝绸之路上的汉代移民》，《东南文化》1991 年第 6 期。

[25]　刘弘：《巴蜀铜鍪与巴蜀之师》，《四川文物》1994 年第 6 期。

[26]　罗开玉：《秦汉三国时期冶铁革命与"天府之国"的建成》，《长江文明》2010 年第 3 期。

[27]　罗开玉：《从出土文物看秦汉三国时期蜀郡工室、工官》，《长江文明》2010 年第 3 期。

[28]　罗开玉：《早期成都城初論——兼论早期南方城市的几个问题》，《四川文物》1992 年第 2 期。

[29]　白云翔：《汉代"蜀郡西工造"的考古学论述》，《四川文物》2014 年第 6 期。

[30]　李明斌：《成都地区战国考古学遗存初步研究》，《成都考古研究（一）》，科学出版社，2009 年。

[31]　许建强：《东汉元和二"蜀郡西工造"鎏金银铜舟》，《文物》2014 年第 1 期。

[32]　袁曙光：《四川汉画像砖的分区与分期》，《四川文物》2002 年第 4 期。

[33]　朱晓南：《阙的类型及建筑形式》，《四川文物》1992 年第 6 期。

[34]　纪媛：《从蒜头壶看秦汉文化的传播》，《文物鉴定与鉴赏》2019 年第 4 期。

[35]　牛宏成：《"蜀郡作造羊"铜洗考》，《文物鉴定与鉴赏》2014 年第 11 期。

[36] 代丽鹃：《"蜀郡西工"铜器渊源及相关问题》，《中国国家博物馆馆刊》2017 年第 9 期。

[37] 王恺：《徐州发现东汉建初二年五十湅钢剑》，《文物》1979 年第 7 期。

研究论著

[1] 王国维：《观堂集林·秦郡考》，中华书局，1959 年。

[2] 秦始皇帝陵博物院编：《平天下——秦的统一》，西北大学出版社，2019 年。

[3] 刘炜：《中华文明传真》第 4 章《秦汉——开拓帝国之路》，上海辞书出版社、商务印书馆（香港），2001 年。

[4] 刘瑞：《汉长安城的朝向、轴线与南郊礼制建筑》，中国社会科学出版社，2011 年。

[5] 谢昆岑：《长安与洛阳：汉唐文学中的帝都气象》，古籍出版社，2013 年。

[6] 林剑鸣、余华青、周天游、黄留珠：《秦汉社会文明》，西北大学出版社，1985 年。

[7] 刘庆柱、李毓芳：《汉长安城》，文物出版社，2003 年。

[8] 徐龙国：《秦汉城邑考古学研究》，中国社会科学出版社，2013 年。

[9] 《洛阳十三朝》编纂委员会编：《洛阳十三朝》（上册），中州古籍出版社，2013 年。

[10] 洛阳博物馆编：《河洛文明》，中州古籍出版社，2012 年。

[11] 史念海：《中国古都和文化》，中华书局，1998 年。

[12] 许宏：《大都无城》，生活·读书·新知三联书店，2016 年。

[13] 何一民：《中国城市史》，武汉大学出版社，2012 年。

[14] 卢云：《汉晋文化地理》，陕西人民教育出版社，1991 年。

[15] 曲英杰：《史记都城考》，商务印书馆，2007 年。

[16] 金开诚、黄为放编：《齐国故城临淄》，吉林文史出版社，2011 年。

[17] 薛凤旋：《中国城市及其文明的演变》，世界图书出版公司，2010 年。

[18] 王振华主编：《以文说物》，齐鲁书社，2018 年。

[19] 嵇果煌：《中国三千年运河史》，中国大百科全书出版社，2008 年。

[20] 王子今：《秦汉交通史稿》，中共中央党校出版社，1994 年。

[21] 段宏振：《赵都邯郸城研究》，文物出版社，2009 年。

[22] 谢桂华、李均明、朱国炤：《居延汉简释文合校》，文物出版社，1987 年。

[23] 中国画像石全集编辑委员会编：《中国画像石全集》第 6 卷《河南汉画像石》，河南美术出版社，2000 年。

[24]　吴凌云、凌皆兵、刘新主编：《龙卧南阳：南阳汉代文物展》，岭南美术出版社，2014 年。

[25]　邯郸市文化志编委会：《邯郸市文化志》，黄山书社，1994 年。

[26]　邯郸市博物馆：《赵都风韵——邯郸市博物馆陈列与藏品》，科学出版社，2007 年。

[27]　张驭寰：《中国城池史》，百花文艺出版社，2003 年。

[28]　《成都通史》编纂委员会：《成都通史》卷二《秦汉三国（蜀汉）时期》，四川人民出版社，2011 年。

[29]　孙机：《汉代物质文化资料图说》，上海古籍出版社，2008 年。